PRESSUM

ojektmanagement: Katja Baier, Torben Lenz
edaktion: Katja Baier, Dr. Matthias Herkt, Torben Lenz, Kunigunde Wannow
onzeption und Autorin: Gertrud Teusen
Konzeption und Autor Schulfitness-Test: Klartext, Thomas Huhnold, Dortmund
Layout und Satz: Brandstiftung Design Gruppe, Mike Brumpreiksz, Sven Winterstein
Layout, Satz und Illustrationen Schulfitness-Test: MDK Media Design, Thailand
Illustrationen: Johann Brandstetter, Petra Dorkenwald, Arno Kolb, Rita Reiser, Juliane Wenzl
Bildredaktion: Petra Niewöhner, Svenja Schumann
Einbandgestaltung: INIT, Büro für Gestaltung, Bielefeld
Herstellung: Dirk Bischoff, Marcel Hellmund
Druck und Bindung: Druckerei Uhl GmbH & Co. KG, Radolfzell am Bodensee

Die in diesem Buch gewählten Schreibweisen folgen dem Werk „WAHRIG – Die deutsche Rechtschreibung“ sowie den Empfehlungen der WAHRIG-Redaktion. Weitere Informationen unter www.wahrig.de

ISBN: 978-3-577-07257-1

Was Kinde
wirklich
wissen wolle

Was Kinder wirklich wissen wollen

Das große bunte Buch der Allgemeinbildung

Spannende Sachthemen für Vor- und Grundschule

Lebendige Fotos und kindgerechte Grafiken

Unterhaltsamer Lern- und Rätselteil

VORWORT

„Wieso, weshalb, warum, wer nicht fragt bleibt dumm …“ diese Strophe aus dem Sesamstraßen-Song kennt nun wirklich jedes Kind. Und was tun Kinder, die nicht dumm bleiben wollen? Sie fragen den Erwachsenen Löcher in den Bauch. Die Großen müssen es ja schließlich wissen. Oder etwa nicht?

Kinder wollen alles wissen und zwar ganz genau: Wieso ist der Himmel blau? Weshalb mussten Dinosaurier aussterben? Warum fliegt ein Flugzeug?

Beiden, den Großen und den Kleinen, soll dieses Buch auf die Sprünge helfen. Es soll Spaß machen, Fragen zu stellen und Antworten zu finden. Damit ihr euch besser zurechtfindet, haben wir das Buch in sechs Kapitel nach Themenschwerpunkten unterteilt. Am Ende jeden Kapitels gibt's eine Quiz- und Rätselseite zur Entspannung. Auf jeder Seite findet ihr etwas zum Knobeln und Grübeln, zum Ausprobieren und Nachmachen.

Kleiner Tipp: Löst ihr die Rätsel direkt im Buch, dann verwendet einen Bleistift. So kann man die Lösungen ausradieren und sie immer wieder aufs Neue lösen (oder die Eltern lösen lassen).

Ganz zum Schluss wird es noch mal ernst: Dort findet man in diesem Buch einen Schulfitness-Test. Hier kannst du überprüfen, wie fit du im Rechnen, Schreiben und Lesen bist. Und für die ganz Schlauen gibt es zusätzlich sogar einige Aufgaben zur englischen Sprache. Also los geht es!

Viel Spaß beim Lernen, Begreifen
und Staunen wünscht Euch

Die Kinderbuch-Redaktion

INFO!

Wie misst man die Stärke von Erdbeben?

Erdbeben misst man mit einem Gerät namens Seismograph. Dieser ist fest im Boden verankert und mit einem Halter ausgestattet, an dem ein Pendel mit einer Schreibfeder hängt. Unter dem Pendel befindet sich eine Papierrolle. Bei einem Erdbeben bewegt sich der Seismograph, nicht aber das Pendel, dessen Stift dann auf dem vorbeilaufenden Papierstreifen Kurven zeichnet, die ein Seismogramm ergeben, das die Stärke des Erdbebens anzeigt.

INHALT

Erde und Kontinente *Seite 6*

Technik und Umweltschutz *Seite 32*

Geschichte und Geschichten Seite 56

Mensch und Gesundheit Seite 82

Alltag und Freizeit Seite 100

Natur und Tiere Seite 118

Quiz und Rätsel – Lösungen Seite 146

Schulfitness-Test Seite 148

Erde und Kontinente

Erde und Kontinente

PLANET ERDE

Die Entstehung der Erde

Niemand weiß so genau, wie alt die Erde ist. Wissenschaftler schätzen, dass unser Planet vor etwa fünf Milliarden Jahren entstanden ist. Was damals passierte, stellt man sich etwa so vor: Zuerst war das Sonnensystem nur eine Wolke aus Gas und Staub mit der Sonne im Mittelpunkt. Die schweren Teilchen, die da herumschwirrten, wurden von der Schwerkraft zusammengezogen und zu Kugeln geformt. Daraus entstand unsere Erde und die übrigen Planeten. Im Laufe vieler Millionen Jahre bildete sich außen herum eine feste Kruste, die Erdoberfläche.

Die Erde im Weltall

In unserem Sonnensystem ist die Erde einer von acht Planeten, die um die Sonne kreisen. Im Unterschied zu den anderen scheint die Erde der einzig bewohnbare Planet in diesem Sonnensystem zu sein. Sie braucht ein Jahr oder 365 Tage, um die Sonne zu umrunden. Dabei rast sie mit einer Geschwindigkeit von 110 000 km pro Stunde! Die Bahn, die unser Planet dabei um die Sonne zieht, ist fast kreisförmig. Der durchschnittliche Abstand der Erde zur Sonne beträgt etwa 149 600 000 km. Das ist gerade ideal: Näher an der Sonne wäre es auf der Erde unerträglich heiß; weiter entfernt, viel zu kalt.

Erdumlaufbahn um die Sonne in einem Jahr mit 8 Stationen

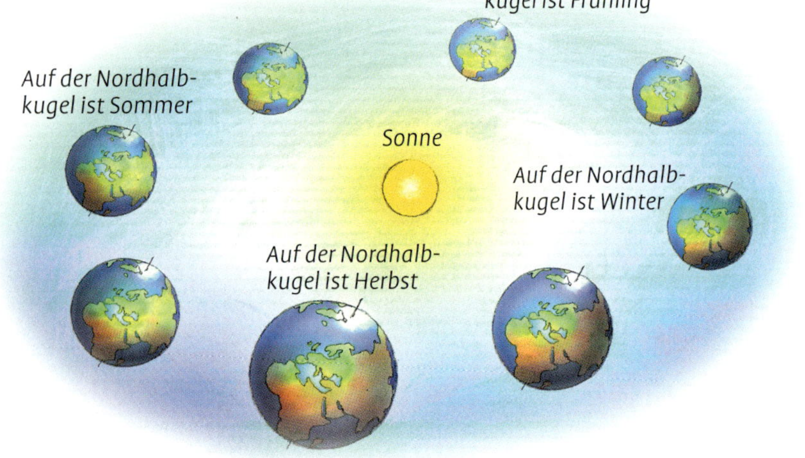

Die Erde dreht sich also um die Sonne und sie dreht sich zusätzlich um sich selbst, um die Erdachse. Das ist eine gedachte Linie zwischen dem Nord- und dem Südpol. Die Drehung der Erde um die eigene Achse dauert 24 Stunden, also einen Tag.

Die Gestalt der Erde

Aus dem Weltall betrachtet, sieht unser Planet wie ein riesiger Ball aus. Doch er ist nicht richtig rund. Manche vergleichen die Erdform mit einer Orange, die an der Ober- und Unterseite (das wären dann die Pole) ein wenig flach gedrückt ist. Um die Mitte des Planeten herum verläuft der Äquator. Das ist eine gedachte Kreislinie, die die Erde wie ein Gürtel umschließt. Dort ist der Erdumfang am größten, nämlich 40 075 km.

In vielerlei Hinsicht unterscheidet sich die Erde von allen anderen Planeten. Nur hier gibt es große Mengen Wasser – die Meere. Außerdem ist die Erde von einer schützenden Atmosphäre umgeben. Sie ist die Lufthülle unseres Planeten und sorgt unter anderem dafür, dass es auf der Erde nicht zu warm wird und nicht alles Wasser verdampft.

Der Aufbau der Erde

Die Erde besteht aus unterschiedlichen Schichten: Erdkruste, Mantel und Kern. Die Erdkruste ist das, was wir als Erdoberfläche bezeichnen. Sie ist etwa 40 km dick

Nicht auf dem Mond, sondern in Island liegt dieses Gebirge. Diese rauen Landschaften entstanden einst durch Vulkane.

Die Erde lebt und bebt: Immer wieder brechen Vulkane aus und befördern das flüssige Erdinnere an die Oberfläche.

Vom Mond aus betrachtet, sieht der Planet Erde überwiegend blau aus. Das liegt an den großen Ozeanen, die es hier gibt.

und besteht aus festem granitartigem Gestein. Die Erdkruste bildet eine feste Haut mit Vertiefungen und Erhöhungen. Die tiefer gelegenen Gebiete sind zumeist von den Meeren bedeckt. Die Erhöhungen sind das, was man Berge nennt. Unter der Erdkruste liegt der Erdmantel. Diese besonders dicke Gesteinsschicht ist 2900 km stark. An manchen Stellen ist es dort so heiß, dass das Gestein geschmolzen ist. Auf den Erdmantel folgt der Erdkern, der aus Metall besteht. Man unterscheidet zwischen dem äußeren und dem inneren Erdkern. Der äußere Kern ist flüssig bei einer Temperatur von etwa 2900 °C. Der innere Kern ist fest und die Temperatur liegt zwischen 4000 und 5000 °C.

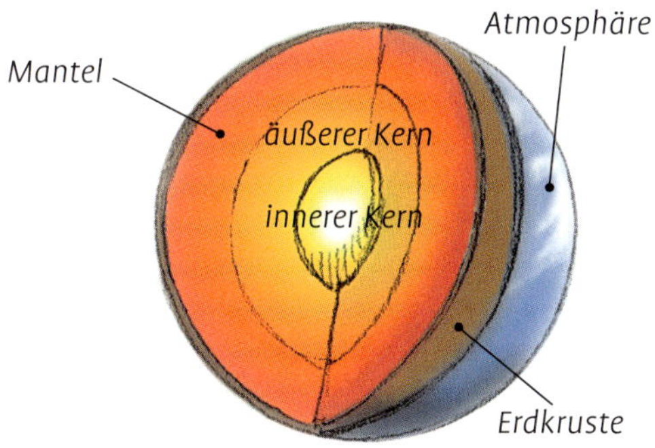

Die Bewegung der Erde

Das Gesicht der Erde hat sich im Laufe ihrer Entwicklung stark verändert – und sie verändert sich immer weiter. Weil diese Veränderungen aber viele Millionen Jahre brauchen, bis sie offensichtlich werden, bemerkt der Mensch es kaum. Sichtbare Zeichen für die Bewegung auf und in der Erde sind Erdbeben und Vulkanausbrüche. Forscher glauben, dass die sechs Kontinente am Beginn der Erdgeschichte zusammenhingen. Im Laufe der Entwicklung zerbrach die riesige Landfläche in mehrere Teile, die sich dann im weiteren Verlauf der Erdgeschichte verschoben haben. Dadurch entstanden die Kontinente, so wie wir sie heute kennen. Dieses Auseinanderdriften der riesigen Erdkrustenstücke nennt man Kontinentalverschiebung.

Erdbeben kommen vor allem in Gebieten vor, wo die Erdkruste unter Spannung steht. Diese Spannung entsteht durch die Bewegung der Kontinentalplatten. Dort, wo die Platten aneinander stoßen, bilden sich Risse, durch die flüssiges Gestein aus dem Erdinnern aufsteigen kann. Wenn das passiert, kommt es zu Erdbeben oder Vulkanausbrüchen. Auf der Welt gibt es noch etwa 500 aktive Vulkane auf dem Land. Noch viel mehr sind allerdings auf dem Meeresboden zu finden.

INFO!

Wie misst man die Stärke von Erdbeben?

Erdbeben misst man mit einem Gerät namens Seismograph. Dieser ist fest im Boden verankert und mit einem Halter ausgestattet, an dem ein Pendel mit einer Schreibfeder hängt. Unter dem Pendel befindet sich eine Papierrolle. Bei einem Erdbeben bewegt sich der Seismograph, nicht aber das Pendel, dessen Stift dann auf dem vorbeilaufenden Papierstreifen Kurven zeichnet, die ein Seismogramm ergeben, das die Stärke des Erdbebens anzeigt.

SONNE, MOND UND STERNE

Was ist das Weltall?

Weltall, Weltraum, Universum oder Kosmos nennt man den ganzen Bereich des Alls einschließlich der Erde. Dazu gehören alle Himmelskörper und der Raum zwischen ihnen.

Mit einem Knall fing alles an

Viele Wissenschaftler glauben, dass das Weltall zuerst ein kleiner, heißer Klumpen war. Vor etwa 20 Milliarden Jahren kam es zu einer gigantischen Explosion. Diese nennt man Urknall (oder Big Bang). Der kleine, heiße Klumpen zersprang in winzige Teilchen mit ungeheurer Energie. Zusammen bildeten sie den Weltraum. Etwa eine Million Jahre später könnten sich erste Gase gebildet haben. Es entstand Wasserstoffgas. Dieses verdichtete sich während ein paar weiterer Millionen Jahre zu riesigen wolkigen Gebilden. Galaxien, Sterne, Planeten und andere Himmelskörper entstanden. Wie groß das Weltall ist, weiß niemand. Mit stärksten Teleskopen kann man Galaxien erkennen, die 15 Milliarden Lichtjahre entfernt sind. Was dahinter liegt, ist nicht erforscht.

Wenn sich am Tag der Mond vor die Sonne schiebt und sie teils oder ganz verdeckt, entsteht eine Sonnenfinsternis.

Was sind Galaxien?

Vor vielleicht 15 Milliarden Jahren entstanden aus den Gasteilchen immer dichtere Sternsysteme, die Galaxien. Auch innerhalb der Galaxien verdichtete sich das Gas immer mehr zu riesigen, glühenden Gaskugeln – den Sternen. Eine solche Galaxie ist das Milchstraßensystem, zu dem viele selbstleuchtende Sterne und Planeten gehören. Einer dieser Sterne ist unsere Sonne mit ihren neun Planeten. Dazu gehört auch unsere Erde mit dem Mond, der sie umkreist.

Alles dreht sich um die Sonne

Die Erde, so groß sie uns auch erscheint, ist nur ein kleiner Planet. Insgesamt drehen sich acht Planeten um die Sonne. Am nächsten dran ist der Merkur, dann kommen die Venus und die Erde. Mars, Jupiter, Saturn, Uranus und Neptun liegen weiter von der Sonne entfernt. Sie alle bilden zusammen mit ihren Monden, den Asteroiden, den Kometen und Meteoriten unser Sonnensystem.

Die Sonne ist der Mittelpunkt unseres Sonnensystems. Wie ein riesiger Magnet zieht sie die Planeten an und verhindert so, dass sie im All verschwinden.

Wie viele Sterne leuchten am Himmel?

In der Milchstraße gibt es rund 100 Milliarden Sterne – und das ist nur eine Galaxie unter Milliarden. Wie viele Sterne es wirklich gibt, kann niemand zählen. Sterne sind Kugeln aus heißen Gasen. Die beiden wichtigsten Gase sind Wasserstoff und Helium. Sie lassen einen Brennstoff entstehen, der Licht und Wärme erzeugt. Deshalb können wir sie sehen.

Der hellste Stern des Nachthimmels heißt Sirius. Er ist fast doppelt so groß wie die Sonne und in klaren Nächten deutlich zu sehen.

Schon in der Antike gaben die Menschen bestimmten Sternformationen Namen. Wahrscheinlich waren es die Seefahrer, um Anhaltspunkte für ihren Kurs zu

Die Menschen erobern den Weltraum. Die spektakulärsten Erfolge erzielten die Apollo-Expeditionen in den 60er Jahren.

Weißt du's?

1 Was ist eine Galaxie?
- Planet
- Automarke
- Raketenart
- Sternensystem

2 Welcher Planet ist der Sonne am nächsten?
- Erde
- Venus
- Merkur
- Mars

3 Wer betrat als Erster den Mond?
- Neil Diamond
- Neil Armstrong
- Jurij Gagarin
- Edwin Aldrin

1. Sternensystem 2. Merkur 3. Neil Armstrong

haben. Insgesamt gibt es 88 Sternbilder. Ihre Namen haben sie nach antiken griechischen Legenden. Die Sternbilder der Tierkreiszeichen haben ihren Ursprung in Babylonien.

Der Mond „scheint" in der Nacht

Die Erde hat nur einen einzigen Trabanten – und das ist der Mond. Um die Erde zu umkreisen, braucht er etwa 29 Tage und 13 Stunden. Der Mond schickt allerdings kein Licht aus, sondern leuchtet nur, weil er von der Sonne angestrahlt wird. Weil der Mond auf das Licht der Sonne angewiesen ist, wird immer nur eine Hälfte beleuchtet. Je nach der Position des Mondes auf seiner Umlaufbahn um die Erde, sehen wir also nur Teile von ihm.

Wenn der Mond zwischen Erde und Sonne steht, dann liegt die uns zugewandte Seite im Dunkeln – es ist Neumond. Von diesem Zeitpunkt an kann man jeden Tag ein Stückchen mehr Mond sehen – der Mond nimmt zu. Wenn – von der Erde aus gesehen – sich Mond und Sonne gegenüberstehen, ist der Mond voll zu sehen. Jetzt ist es Vollmond. Danach wird der Mond wieder kleiner – der Mond nimmt ab.

Der Verlauf des Mondes beeinflusst auch uns Menschen. Bei Vollmond beispielsweise schlafen viele schlechter. Manche verfallen sogar in eine Art Trance und wandeln schlafend durch die Nacht.

Die Erforschung des Weltalls

1961 flog zum ersten Mal ein Mensch mit einer Rakete ins All. Es war der Russe Jurij Gagarin, der mit einer Raumkapsel die Erde umkreiste. Von da an machte die Raumfahrt riesige Fortschritte. Schließlich landete am 20. Juli 1969 die erste US-amerikanische Mondlandefähre auf dem Mond. Neil Armstrong und Edwin Aldrin waren die ersten Menschen, die einen Fuß auf den Mond setzten. Mit ihrem Raumschiff „Apollo 11" waren sie vier Tage unterwegs gewesen.

Heute gibt es sogar schon eine Raumstation im Weltall, in der Wissenschaftler monatelang leben und arbeiten können. Außerdem hat man viele Satelliten im Weltall ausgesetzt, die Informationen empfangen und übertragen. Deshalb können wir heute auf Knopfdruck mit Menschen am anderen Ende der Erde telefonieren und Fernsehsendungen per Satellitenantenne empfangen.

Mit besonderen Raumanzügen können Astronauten im All schweben und z. B. Reparaturen an Raumstationen ausführen.

WIND, WOLKEN UND WETTER

Was ist das Wetter?

Eigentlich ist alles ganz einfach. Die Erde ist von einer schützenden Gashülle umgeben, die man Atmosphäre nennt. Sie besteht aus einem Gemisch verschiedener Gase – unter anderem Sauerstoff, Stickstoff und Kohlendioxid. Nach außen hin wird diese Hülle immer dünner. Nur im unteren Bereich bis etwa acht Kilometer über der Erde ist genügend Sauerstoff zum Atmen für den Menschen enthalten. In einem Bereich zwischen Erdoberfläche und 17 Kilometern Höhe findet das Wettergeschehen statt.

Wie sich das Wetter auswirken kann, weiß jedes Kind. Mal ist der Himmel blau und die Sonne scheint, mal ziehen graue Wolken auf und es regnet. Für all diese Wettererscheinungen ist die Sonne verantwortlich, die die Luft unterschiedlich stark erwärmt und dadurch das Wetter beeinflusst.

Warum ist der Himmel blau?

Das weiße Licht der Sonne besteht aus sieben verschiedenen Farben: Indigoblau, Violett, Blau, Grün, Gelb, Rot und Orange. Die Atmosphäre lässt aber vor allem das Blau aus dem weißen Licht der Sonne durchdringen und deshalb erscheint uns der Himmel bei schönem Wetter blau. Es gibt allerdings Gelegenheit, alle Farben des Himmels zu sehen. Wenn nach einem heftigen Regen die Sonnenstrahlen durch Regentropfen fallen, entsteht ein Regenbogen. In ihm sind alle sieben Farben des Lichts enthalten.

Woraus bestehen Wolken?

Wenn die Sonne auf das Wasser scheint, verdunstet es. Es entsteht Wasserdampf, der dann in die Luft steigt. Dieser ballt sich zu Wolken zusammen. Oben in der Atmosphäre ist es aber kälter und der Wasserdampf kühlt zu Wassertröpfchen oder Eiskristallen ab. Wolken kommen in unterschiedlichen Formen und Größen vor. Nach Aussehen und Höhe können Experten vorhersagen, ob sie schönes oder schlechtes Wetter mit sich bringen.

Warum regnet es?

Jede Wolke enthält Millionen von Wassertröpfchen und Eiskristallen. Sie sind so winzig, dass sie sich von selbst in der Luft halten können. In großen, dunklen Wolken verbinden sich die Tröpfchen zu größeren Regentropfen. Die sind dann so schwer, dass sie vom Himmel fallen. Manchmal gefrieren die Regentropfen zu Eiskristallen. Wenn die sich zusammenschließen, werden Schneeflocken daraus.

Wann gibt es ein Gewitter?

Viele Menschen haben vor Gewittern Angst. Zumeist kommen sie am Ende eines heißen beziehungsweise

Zu dunklen Gebilden türmen sich die Gewitterwolken auf, aus denen es heftig blitzt und regnet.

schwülen Sommertags. Gewitter entstehen in ganz dunklen Wolken. Im Innern dieser Wolken wirbelt starker Wind die Regentröpfchen durcheinander. Dabei laden sie sich mit Elektrizität auf. Wird diese Elektrizität freigesetzt, überziehen zuckende Blitze den Himmel. Immer dann, wenn ein Blitz über den Himmel zuckt, folgt bald darauf ein Donner. Das kommt daher, weil Blitze, wenn sie sich entladen, unheimlich heiß sind. Sie erwärmen die Luft ringsherum und diese dehnt sich aus. Weil das alles so plötzlich geschieht, gibt es einen riesigen Krach. Das ist dann der Donner. Übrigens: Bei Gewitter nicht unter einen Baum stellen – da könnte der Blitz einschlagen.

Woher weiß man, wie das Wetter wird?

Forscher, die sich mit dem Wetter beschäftigen, nennen sich Meteorologen. Sie beobachten ständig weltweit das Wetter und können deshalb aus Erfahrung gewisse Vorhersagen machen. So gibt es beispielsweise Wettersatelliten, die die Wolken von oben fotografieren. Spezielle Flugzeuge mit Messinstrumenten sammeln Informationen über die Wetterlagen und örtliche Wetterstationen beobachten genau, wie sich die Wettersituation entwickelt. Dazu benutzen sie viele unterschiedliche Instrumente. Einige davon gibt es auch zu Hause, z. B. ein Barometer (damit misst man den Luftdruck) oder ein Thermometer (damit wird die Lufttemperatur gemessen).

Mach mit!

Experiment: Barometer

Spanne über ein Marmeladenglas den unteren Teil eines aufgeschnittenen Luftballons. Am Rand musst du diese Gummihaut ganz dicht und fest verschnüren. Mit zwei Klümpchen weichen Kaugummis klebst du nun einen Trinkhalm von der Mitte der Gummihaut über den Rand nach außen. Stelle diese Dose mit Zeiger in einen aufgeschnittenen Schuhkarton. Auf dessen Innenseite zeichnest du eine Zahlenskala von Tief bis Hoch. Steigt der Luftdruck, steigt auch dein Barometeranzeiger.

AFRIKA

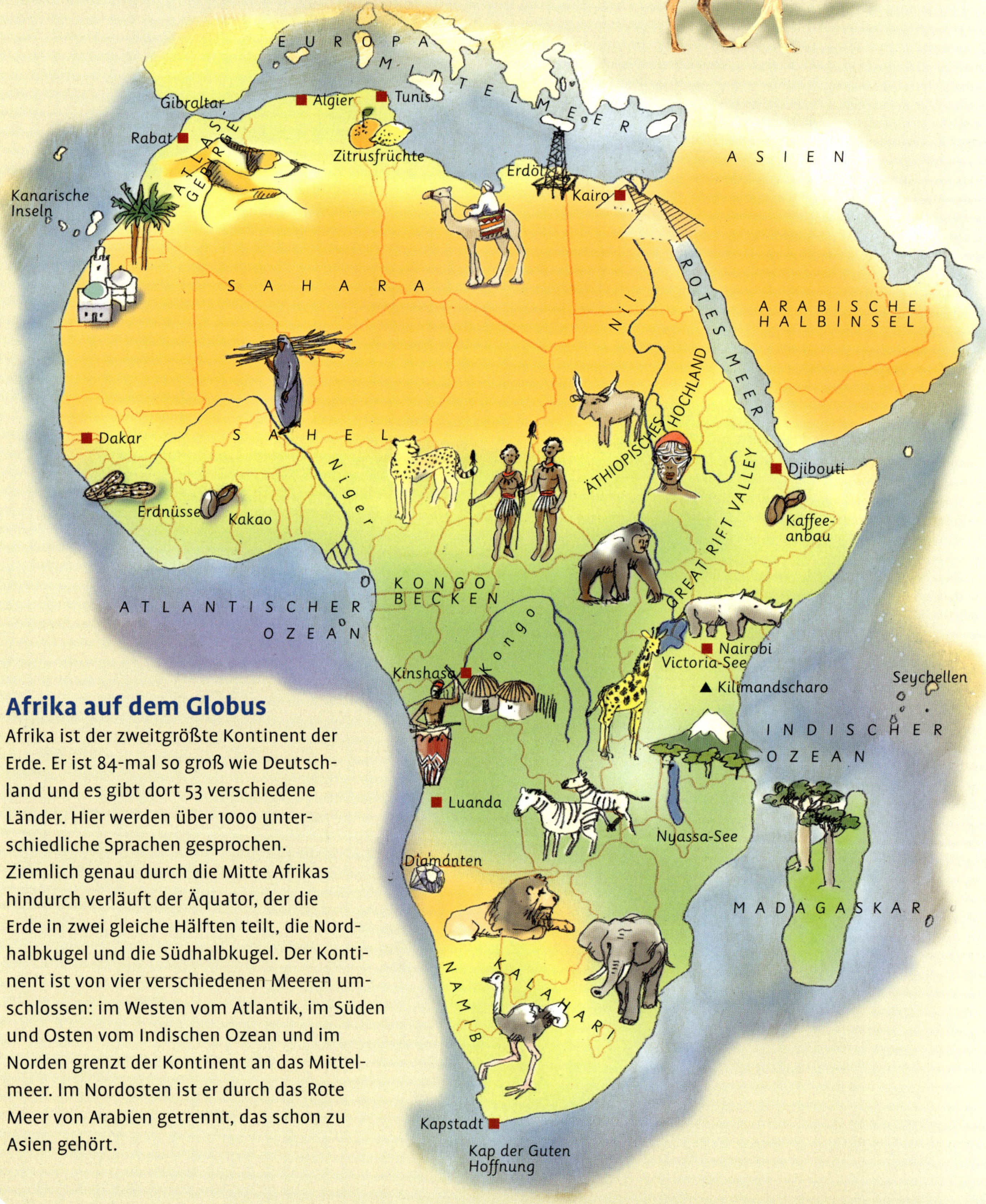

Afrika auf dem Globus

Afrika ist der zweitgrößte Kontinent der Erde. Er ist 84-mal so groß wie Deutschland und es gibt dort 53 verschiedene Länder. Hier werden über 1000 unterschiedliche Sprachen gesprochen. Ziemlich genau durch die Mitte Afrikas hindurch verläuft der Äquator, der die Erde in zwei gleiche Hälften teilt, die Nordhalbkugel und die Südhalbkugel. Der Kontinent ist von vier verschiedenen Meeren umschlossen: im Westen vom Atlantik, im Süden und Osten vom Indischen Ozean und im Norden grenzt der Kontinent an das Mittelmeer. Im Nordosten ist er durch das Rote Meer von Arabien getrennt, das schon zu Asien gehört.

Die groß gewachsenen Massai leben noch meist in traditioneller Lebensweise in Kenia und Tansania.

Afrikanische Landschaften

Fast überall in Afrika ist es sehr heiß. Die größte Wüste der Welt, die Sahara, liegt im Norden des Kontinents. Sie nimmt etwa ein Drittel der gesamten Fläche ein. Weiter südlich, nahe am Äquator, ist es das ganze Jahr über feucht und heiß. Dichte Regenwälder bedecken hier das Land. Daran angrenzend erstrecken sich Feuchtsavannen mit riesigen Grasflächen und karge Trockensavannen.

Afrika ist reich an Bodenschätzen und die Küstenregionen sind sehr fruchtbar. Dort werden Kakao, Kaffee, Tee und Früchte angebaut. In den meisten Regionen dieses Kontinents dagegen ist das nicht möglich. Lange Trockenzeiten oder Dauerregen führen immer wieder dazu, dass Ernten ausfallen und die Bevölkerung hungern muss. Deshalb zählen die meisten afrikanischen Länder auch zu den ärmsten der Welt.

Afrikas Bewohner

In Afrika leben heute fast 700 Millionen Menschen. Sie gehören über 500 verschiedenen Volksstämmen an, die sehr unterschiedlich sind. Die meisten Afrikaner haben eine dunkle Hautfarbe – und deshalb wird Afrika oft auch als „Schwarzer Kontinent" bezeichnet.

Im Norden leben beispielsweise Beduinen. Sie ziehen als Nomaden mit ihren Kamelen durch die heiße, trockene Wüste, um Wasser zu suchen. Tief im Regenwald findet man den Volksstamm der Pygmäen. Das sind kleinwüchsige Menschen, die heute noch so leben wie Steinzeitmenschen. Extrem groß hingegen sind die Massai, die in Ostafrika zu Hause sind. Jeder Stamm hat seine Besonderheiten und viele Afrikaner leben auch heute noch nach traditionellen Vorbildern.

In Afrika leben auch Weiße. Ihre Vorfahren kamen zumeist aus Europa nach Afrika. Die Europäer teilten den Kontinent in Kolonien auf und beuteten das Land aus. Vor allem hatten sie es auf die reichen Bodenschätze abgesehen. Die afrikanischen Ureinwohner mussten für die weißen Herren arbeiten und Millionen von ihnen wurden als Sklaven vor allem nach Amerika verkauft.

Nachdem die fremden Herrscher endlich gingen, begannen Kriege zwischen den unterschiedlichen Volksstämmen. Auch heute noch gibt es in vielen Ländern Afrikas immer wieder Krieg zwischen den Stämmen.

Afrikas Tierwelt

Afrikas Tierwelt ist unvergleichbar: Ob es die Kamele und Dromedare im Norden, die Gorillas und Krokodile im Regenwald oder die Elefanten, Löwen, Büffel und Giraffen in der Savanne sind, alle sind gleichermaßen beeindruckend. Afrika ist nicht umsonst der Kontinent mit der größten Artenvielfalt und den meisten und größten Schutzgebieten für wilde Tiere. Zu den bekanntesten gehört der Serengeti Nationalpark in Tansania.

Eine Kamelkarawane auf dem Weg durch die Sahara. Auch heute noch transportieren sie viele Güter.

NORDAMERIKA

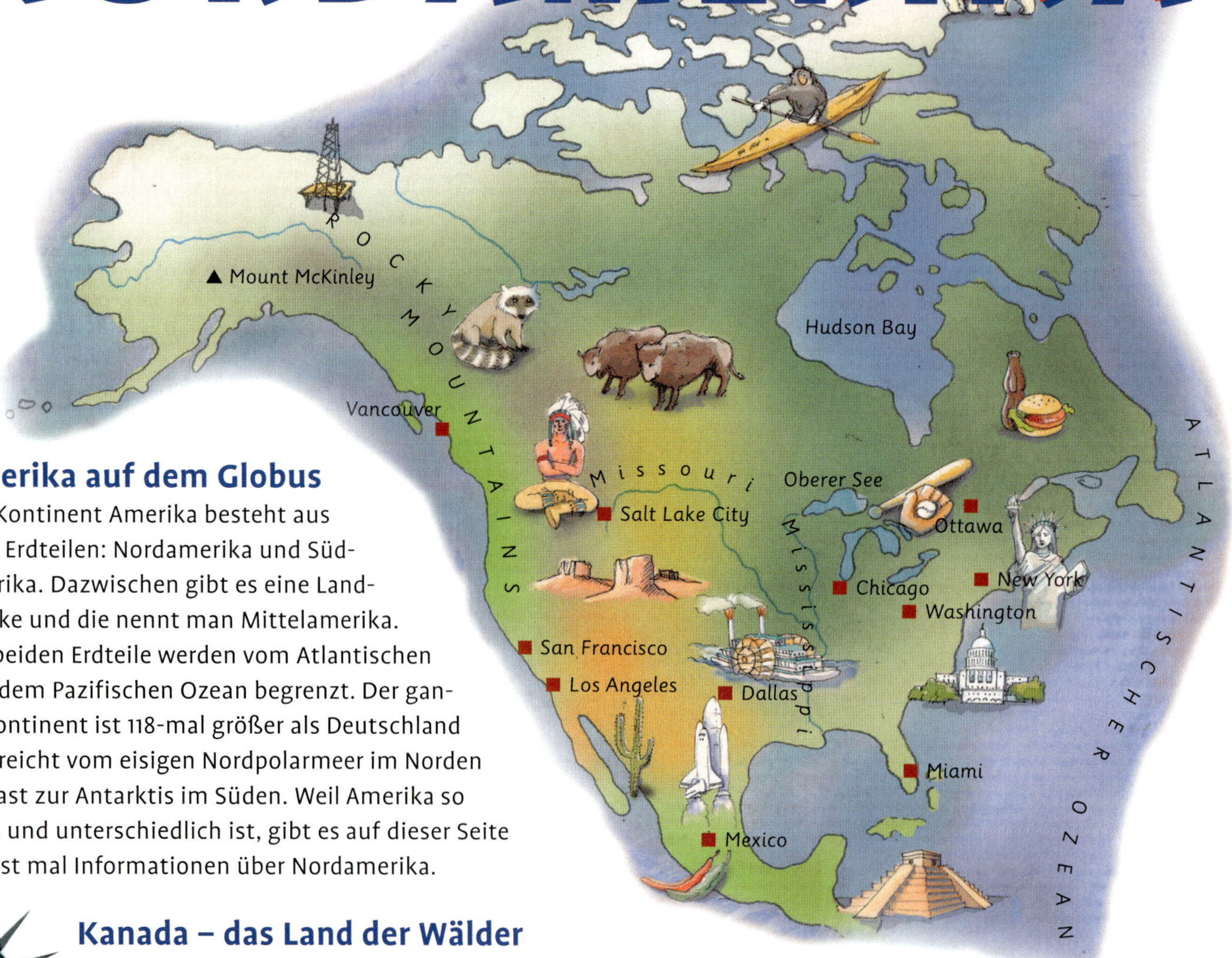

Amerika auf dem Globus

Der Kontinent Amerika besteht aus zwei Erdteilen: Nordamerika und Südamerika. Dazwischen gibt es eine Landbrücke und die nennt man Mittelamerika. Die beiden Erdteile werden vom Atlantischen und dem Pazifischen Ozean begrenzt. Der ganze Kontinent ist 118-mal größer als Deutschland und reicht vom eisigen Nordpolarmeer im Norden bis fast zur Antarktis im Süden. Weil Amerika so groß und unterschiedlich ist, gibt es auf dieser Seite erst mal Informationen über Nordamerika.

Kanada – das Land der Wälder

Kanada ist das größte Land auf dem nordamerikanischen Kontinent und das zweitgrößte Land der Welt. Seine nördlichste Grenze bildet das Nordpolarmeer, das den Nordpol umgibt. Nördlicher liegt nur der amerikanische Bundesstaat Alaska. Nur wenige Kanadier leben im kalten Norden, die größten Städte des Landes, Toronto und Montreal, liegen weiter südlich, nahe der Grenze zu den Vereinigten Staaten von Amerika.

Bekannt ist Kanada für seine unendlichen Wälder und die tollen Berge der Rocky Mountains. Hier leben Grizzlibären und Wölfe.

An der Hafeneinfahrt von New York grüßt die Freiheitsstatue die Besucher.

USA – 50 Staaten, ein Land

Die Vereinigten Staaten von Amerika (kurz USA genannt) setzen sich aus 50 Bundesstaaten zusammen. Für jeden dieser Staaten steht ein Stern auf der amerikanischen Flagge. Das riesige Land ist sehr unterschiedlich. Die Landschaften bestehen aus dichten Wäldern, weiten Ebenen, heißen Wüsten, riesigen Seen, gigantischen Canyons und schneebedeckten Bergen.

Zwei Staaten, Alaska und Hawaii, sind nicht mit dem Festland verbunden. Alaska ist der größte Bundesstaat und liegt hoch oben im Norden am Nordpolarmeer. Hawaii besteht aus einer Reihe von Inseln, die weit im Westen im Pazifischen Ozean liegen. Die Hauptstadt des Landes ist Washington.

Die Skyline von New York ist einmalig. Das Empire State Building überragt alle anderen Hochhäuser.

Amerikanische Landschaften

Im Nordosten der USA leben die meisten Menschen. Hier liegen auch die gigantischen Großstädte wie New York und Boston. Diese Region wurde einst von den europäischen Einwanderern zuerst besiedelt. Das Klima ist wie in Europa – im Winter kalt und im Sommer warm. Das Land ist fruchtbar und an der Küste werden reichlich Fische gefangen. Die berühmteste Stadt ist aber sicherlich New York mit seinen über 7 Millionen Einwohnern und über 200 Wolkenkratzern. An der Hafeneinfahrt von New York grüßt die Freiheitsstatue die Besucher. Der mittlere Westen ist das Herzstück Amerikas. Dort ist es zumeist flach und die Erde fruchtbar. Dieses Gebiet wird auch der „Farmgürtel" genannt. Hier wird Vieh gezüchtet und viel Weizen angebaut.

Die Rocky Mountains trennen das Landesinnere von der Westküste. Kalifornien, mit seinen großen Städten Los Angeles und San Francisco, ist der drittgrößte Bundesstaat. Hier werden Wein angebaut, Computer entwickelt und viele Filme gedreht (in Hollywood).

Mexiko – klein, aber fein

Südlich des Rio Grande schließt sich Mexiko an die USA an. Hier spricht man Spanisch – und nicht Englisch wie im Nachbarland. Die Vorfahren der meisten Mexikaner kamen aus Spanien und als sie hier landeten, fanden sie die Ureinwohner, die Azteken, vor. Noch heute ist Mexiko berühmt für seine Skulpturen und Bauwerke aus dieser Zeit. Das gebirgige Land ist nicht besonders reich. Die meisten Menschen leben noch von der Landwirtschaft.

Weißt du's?

1 Wer entdeckte als Erster Amerika?
- Die Wikinger
- Die Germanen
- Die Spanier
- Die Römer

2 Wie heißt die Statue, die in New York Besucher grüßt?
- Meerjungfrau
- Freiheitsstatue
- Hafenengel
- Christusstatue

3 Wie viele Bundesstaaten haben die USA?
- 21
- 57
- 50
- 30

1. Die Wikinger 2. Freiheitsstatue 3. Fünfzig Bundesstaaten

Die bekannteste Maus der Welt: Micky Maus feierte 1994 ihren 60. Geburtstag in Disney World und lud über 4000 Kinder ein.

Die Geschichte Amerikas

Schon vor rund 1000 Jahren wurde Amerika von den Wikingern entdeckt, was aber in Vergessenheit geriet. 1492 wollte der Seefahrer Christoph Kolumbus einen westlichen Seeweg nach Indien finden – und fand dabei Amerika. Als er am 12. Oktober 1492 Land sah, dachte er, es sei Indien und nannte die Ureinwohner deshalb auch „Indianer". Bald kamen viele Einwanderer aus Europa und nahmen die „Neue Welt" in Besitz. Die Indianer, die sich heftig gegen die Eindringlinge wehrten, wurden dabei fast ausgerottet. Nur wenige haben überlebt und leben heute oft in umgrenzten Gebieten, die man Reservate nennt.

SÜDAMERIKA

Südamerika auf dem Globus

Der südamerikanische Kontinent hat die Form eines Dreiecks. Der größte Teil davon liegt südlich des Äquators und reicht fast hinunter bis zur eisigen Antarktis. Nördlich von Südamerika verbindet eine schmale Landbrücke den Kontinent mit Mittelamerika. Östlich davon liegen die Inseln der Karibik, die Antillen.

Mittelamerika und die Antillen

Zu Mittelamerika zählen die Länder Guatemala, Belize, Honduras, El Salvador, Nicaragua, Costa Rica, Panama und Mexiko. Hier gibt es aktive Vulkane, viel Regen und immer wieder Erdbeben. Der Süden ist von dichten Regenwäldern bedeckt. Typische Tiere sind Klapperschlangen, Alligatoren, Pekaris und Wasserschweine.

Einige der Antillen-Inseln wie Kuba, Barbados, Jamaika, die Dominikanische Republik und die Bahamas sind als Urlaubsziele bekannt und beliebt. Ansonsten lebt die Bevölkerung vom Fischfang oder baut tropische Früchte an. Hier gibt es auch große Tabak-, Kaffee-, Zuckerrohr- und Bananenplantagen.

Tropisches Südamerika

Die südamerikanischen Länder entlang der Ostküste des Kontinents wie zum Beispiel Venezuela und Brasilien sind von subtropischem Klima geprägt. Dort ist es feucht und heiß, große Landesteile sind mit Regenwald bedeckt. Durch dieses Gebiet fließt auch der mächtige Amazonas. Die meisten Menschen leben in den großen Städten entlang der Küste. Man findet nur noch einige Naturvölker tief im Regenwald, die nach eigenen Sitten und Traditionen leben. Viele Gruppen haben ihre eigene Sprache und ihre Lebensweise bewahrt und schmücken ihren Körper mit Federn, Blumen und Samen. Alles, was sie zum Leben brauchen, finden sie im Regenwald.

Ganz anders ist es in den übrigen Landesteilen. Rund um die großen Städte erstrecken sich große Elendsviertel. Viele Kinder haben kein Zuhause und müssen auf der Straße leben. Aber die südamerikanischen Städte haben auch schöne Seiten. Die größten Feste finden zur Karnevalszeit statt. Dann kostümieren sich die Menschen besonders farbenprächtig und tanzen zu Samba-Musik.

Der steinerne Riesenchristus soll Brasiliens zweitgrößte Stadt, Rio de Janeiro, vor großem Unglück beschützen. Sie steht auf einem 700 Meter hohen Berg, dem Corcovado.

Von den Bergbewohnern in den peruanischen Anden wird das Wasser auch heute noch mit Tonkrügen transportiert.

Blick auf den Zuckerhut: Der Berg ist das Wahrzeichen von Rio de Janeiro in Brasilien.

Die Andenländer

Die Landschaft der südamerikanischen Länder Kolumbien, Ecuador, Peru, Bolivien und Chile ist vom riesigen Gebirgszug der Anden geprägt. Hier gibt es noch viele aktive Vulkane. La Paz liegt mehr als 3000 Meter über dem Meeresspiegel und ist deshalb die höchstgelegene Millionenstadt der Welt. Dort in Bolivien findet man auch den höchstgelegenen See, auf dem Schiffe fahren. Das ist der Titicacasee.

In diesen Höhen wächst nur noch wenig. Die Bauern bauen Mais, Kartoffeln und Bohnen an. Sie züchten Lamas und Alpakas wegen ihrer Wolle oder finden Arbeit in einer der zahlreichen Bergwerke, wo Gold, Silber und Kupfer abgebaut werden. Die meisten Menschen, die in den Anden leben, sind Indianer, die Ketschuas.

Der Süden Südamerikas

Dazu gehören Paraguay, Uruguay, Argentinien und der südliche Teil Chiles. Üppiges Grasland, die Pampas, bestimmen vor allem in Argentinien die Landschaft. Die Gegend ist ideal für die Viehzucht, Tausende Rinder und Schafe grasen hier. Die Cowboys, die die Tiere hüten, nennt man hier „Gauchos“.

Das größte Land im Süden ist Argentinien. Viele Menschen stammen hier von europäischen Siedlern ab. Fast ein Drittel von ihnen lebt in der Hauptstadt Buenos Aires. In den Weiten des übrigen Landes gibt es viele Rinder und große Farmen.

Die Südspitze Südamerikas heißt „Feuerland“. Den Namen verdankt diese abgelegene Region den Lagerfeuern der Indianer, die der Entdecker Ferdinand Magellan dort sah.

Südamerikanische Tiere

In den Urwäldern leben viele Affenarten und die Riesenschlange Anakonda, der Ozelot und der Jaguar. Es gibt unzählige Papageien und winzige Kolibris. In den zahlreichen Sümpfen und Flüssen des Regenwaldes leben Alligatoren und auch gefräßige Piranhas. Auch Meerschweinchen sind hier zu Hause.

INFO!

Südamerikanische Rekorde

Länger, höher, größer – Südamerika ist ein Kontinent der Superlative. Der höchste tätige Vulkan der Erde ist der Cotopaxi (5879 m) in Ecuador. So hoch wie der Angelfall in Venezuela ist kein anderer Wasserfall der Welt. Hier stürzt das Wasser knapp 1000 Meter in die Tiefe. Der größte Fluss Südamerikas ist der Amazonas mit 6437 Kilometern. Der höchste Berg ist der Aconcagua mit 6960 Metern.

ASIEN

Tee gehört zu den wichtigsten Exportartikeln Asiens. Die Blätter werden mit der Hand gepflückt, da die Maschinen die zarten Blätter zerstören könnten.

Asien auf dem Globus

Asien ist der größte Erdteil und viermal so groß wie Europa. Bis auf wenige Inseln liegt Asien überwiegend auf der nördlichen Erdhalbkugel. Europa und Asien hängen zusammen. Das Uralgebirge und der Uralfluss bilden die westliche Grenze. Im Osten reicht Asien bis an den Pazifischen Ozean und im Norden bis zum Nordpolarmeer. Im Süden grenzt es an den Indischen Ozean und ans Rote Meer.

Weißt du's?

1 Welches asiatische Land ist das größte?
- Thailand
- Vietnam
- China
- Japan

2 Wie nennen die Japaner ihr Land?
- Land der Morgenröte
- Land des Sonnenaufgangs
- Land des Ursprungs der Sonne
- Land der Computer

3 Wie viele Hauptsprachen werden in Indien gesprochen?
- 12
- 16
- 19
- 10

1. China 2. Land des Sonnenaufgangs 3. 19 Hauptsprachen

Asien – Kontinent der Gegensätze
Asien hat die größten Unterschiede zwischen Kälte und Hitze. In Ostsibirien wird es im Winter schon mal −78° C kalt, im Sand der arabischen Wüste können es im Sommer leicht +78° C sein. Der meiste Regen fällt in der indischen Provinz Assam. Würde dort das Wasser nicht abfließen, stände es nach einem Jahr 17 Meter hoch. In Asien gibt es auch die höchsten Berge. Die liegen im Himalaya, wie beispielsweise der Mount Everest mit 8846 Metern. Und der tiefstgelegene Ort der Erde liegt ebenfalls in Asien: Der ist am Toten Meer in Israel.

Tiere in Asien
Ein so großer Erdteil mit so vielen verschiedenen Ländern und unterschiedlichen Klimazonen hat auch eine sehr vielfältige Tierwelt. Im Norden leben beispielsweise Biber und Rentiere, in den Höhen des Himalaya findet man die letzten Schneeleoparden, in Mittelasien Trampeltiere und Yaks, im südlichen China gibt es Pandabären, in Indien Elefanten und Tiger und im Regenwald Südasiens Orang-Utans.

Der Mittlere Osten
Weite Gebiete sind hier Wüste. Aber hier gibt es etwas, was alle brauchen – nämlich Erdöl und Erdgas. Deshalb gehören diese arabischen Länder auch zu den reichsten der Welt. Im Mittleren Osten entstanden einst auch die drei größten Weltreligionen: das Judentum, das Christentum und der Islam.

China und Japan
Die chinesische Kultur gehört zu den ältesten der Welt. Etwa ein Fünftel der Weltbevölkerung lebt hier, allerdings überwiegend in den großen Städten. China ist der drittgrößte Staat der Welt und landschaftlich sehr vielfältig. Dass die Chinesen zu überragender Leistung fähig sind, beweist ihr berühmtestes Bauwerk: Die Chinesische Mauer ist das größte von Menschenhand geschaffene Bauwerk der Erde.

Die Japaner nennen ihr Land „Nippon“ und das bedeutet „Ursprung der Sonne“. Es ist ein kleines Land aus rund 3000 kleinen und 4 großen Inseln.

Die Chinesische Mauer ist fast 7000 Kilometer lang.

Mehr Menschen als irgendwo anders
In Asien lebt mehr als die Hälfte der Menschheit – aber sie ist sehr ungleich verteilt. Es gibt riesige menschenleere Gebiete im russischen Sibirien im Norden und zum Beispiel in den Wüsten Saudi Arabiens. Dafür sind Indien, Westchina und die japanische Hauptinsel mit Tokio sehr dicht besiedelt. Die beiden bevölkerungsreichsten Länder sind China und Indien. Beide haben über eine Milliarde Einwohner, insgesamt schätzt man die asiatische Bevölkerung auf drei Milliarden. Dass es hier so viele Menschen gibt, schafft auch Probleme. Viele sind ziemlich arm und immer wieder leiden Kinder an Hunger. Hinzu kommt noch, dass dieser Kontinent so viele verschiedene Sprachen hat. Die Hälfte der Bevölkerung in Indien spricht Englisch und Hindi. Hinzu kommen aber noch 17 gleichberechtigte Regionalsprachen. Die meistgesprochene Sprache der Welt ist übrigens Chinesisch.

ARKTIS UND ANTARKTIS

Von Pol zu Pol

Die eisigen Kuppen der Erde, der Nordpol und der Südpol, liegen einander direkt gegenüber. Das Gebiet rund um den Nordpol nennt man Arktis, der Kontinent, der den Südpol umgibt, ist die Antarktis.

Die Arktis ist die nördlichste Gegend der Erde; sie umfasst die Meere und Landgebiete um den Nordpol. Hier ist es im Winter so kalt, dass Land und Meer tief gefroren sind. Selbst im kurzen Sommer werden selten Temperaturen gemessen, die über den Nullpunkt steigen. Im hohen Norden wohnen die Inuit. Früher nannte man sie Eskimos.

Das kalte Gegenstück zur Arktis ist die Antarktis im Süden. Sie ist ein eigener Kontinent, auf dem es allerdings keine Ureinwohner gibt. Es ist das kälteste Gebiet der Erde.

Die Arktis – kaltes Land im Norden

Die Ureinwohner des hohen Nordens sind die Inuit. Früher einmal lebten sie in Iglus aus Schnee und Eis, zogen mit Hundeschlitten umher und gingen auf die Jagd. Sie fingen Robben, Wale und große Fische. Heute leben sie zumeist in kleineren Städten oder Siedlungen im hohen Norden, wo es allerdings kaum Arbeitsplätze gibt. Nur wenige verdienen ihr Geld in den Gold-, Zinn- und Kupferminen oder arbeiten als Fischer. Als Fortbewegungsmittel benutzen sie heute den Motorschlitten oder das Schneemobil. Doch immer noch findet ein Inuit seinen Weg durch die eisige Landschaft ohne Karte und Wegweiser.

Von klein auf werden die Kinder der Inuit an das kalte und raue Klima nahe dem Nordpol gewöhnt.

Die Inuit sind sehr naturverbunden und haben ihre ganz eigenen Traditionen. In ihrer Sprache gibt es beispielsweise über 20 unterschiedliche Bezeichnungen für Schnee.

Die Tiere der Arktis

Die Arktis ist vom Nordpolarmeer umgeben. Dort schwimmen Tausende von Eisbergen und riesige Eisschollen. Hier oben im Norden ist die Heimat der Eisbären und Robben. Im Meer schwimmen Wale und Kabeljau. Im Sommer kommen viele Vögel aus dem Süden in die Arktis, um dort zu brüten und ihre Jungen aufzuziehen. In den wenigen Sommermonaten gibt es hier oben reichlich Nahrung. Es wimmelt von Insekten, wenn aus gefrorenen Böden matschige Sümpfe werden.

Der weiße Räuber ist nur am Nordpol unterwegs: Eisbären fühlen sich erst bei Minusgraden so richtig wohl.

Die Antarktis – kalter Kontinent im Süden

„Am Südpol, denkt man, ist es heiß. Doch da gibt es nur Schnee und Eis.“ Obwohl die Antarktis der südlichste Kontinent der Erde ist, ist es hier meistens bitterkalt. Die Eisdecke ist an manchen Stellen bis zu

Der Südpol ist ihr Revier. Die Pinguine leben in riesigen Kolonien entlang der Küste in der Antarktis.

Der Hundeschlitten der Inuit wird von Huskys gezogen. Er ist auch heute noch das verlässlichste Transportmittel der Arktis.

4700 Meter dick – und sie schmilzt nie. Die Antarktis ist größer als Europa und fast ganz unbewohnt. Alle großen Länder haben hier allerdings Forschungsstationen.

Geforscht wird vor allem nach Bodenschätzen. Gerne würden viele Länder Erdöl, Erdgas oder Titan abbauen. Die Mehrheit hat jedoch den Naturschutz im Blick, so wurde beschlossen, dass bis 2041 in der Antarktis nichts abgebaut werden darf. Um die Zukunft dieser einmaligen naturbelassenen Region zu sichern, werden alle wichtigen Entscheidungen von der Weltgemeinschaft zusammen getroffen.

Die einzigen wirklichen Bewohner der Antarktis sind die Pinguine. Sie bleiben das ganze Jahr über hier. Ihre Nahrung finden sie im Meer. Auf der Jagd nach Fischen können die merkwürdigen Vögel sehr gut und tief tauchen. Im Sommer kommen noch Wale, Robben und Seeelefanten hinzu.

Wie groß sind Eisberge?

Im hohen Norden und Süden gibt es Gletscher, die bis ins Meer hineinragen. Dort brechen manchmal riesige Eisbrocken ab und schwimmen im Meer als Eisberge davon. Weil Eis leichter ist als Wasser, schaut der Eisberg mit der Spitze aus dem Wasser heraus. Der größte und breiteste Teil ist jedoch unter Wasser. Deshalb sind Eisberge so gefährlich für Schiffe. Das berühmte Passagierschiff „Titanic" sank, weil es mit einem Eisberg zusammenstieß.

Ein Eisberg aus der Arktis wurde einmal bis zu den Bermudas vor der Südküste der USA getrieben.

Mach mit!

Erforsche den Eisberg

Fülle einen 1-Liter-Milchkarton mit Wasser. Lasse ihn in der Tiefkühltruhe vollkommen gefrieren. Danach schneidest du die Verpackung ab und lässt deinen Eisbrocken in einer großen Schüssel voll Wasser schwimmen. Versuche herauszufinden, wie viel von deinem Eisberg über dem Wasserspiegel schwimmt und wie viel darunter. Mische das Wasser mit etwas Salz und beobachte, ob sich etwas am Wasserspiegel verändert. Bedenke, dass Salzwasser schwerer ist als unser Trinkwasser.

Schiffe, die im Winter nicht rechtzeitig den Hafen verlassen, frieren im Eis ein und können erst im nächsten Frühjahr wieder auslaufen.

AUSTRALIEN

Australien auf dem Globus

Australien ist der kleinste Kontinent, auf dem Menschen leben. Er ist nur 22-mal so groß wie Deutschland und liegt als einziger Erdteil ganz auf der südlichen Erdhalbkugel. Australien ist außerdem das einzige Land der Welt, was zugleich ein Erdteil ist. Von Europa aus liegt es fast genau entgegengesetzt auf dem Globus. Australien ist ähnlich einer Insel, die vom Pazifischen und Indischen Ozean umrahmt wird.

In Australien ist alles anders

Weil Australien auf der gegenüberliegenden Seite des Globus liegt, ist dort alles ein bisschen anders. Die Tages- und Nachtzeiten beispielsweise sind dort genau umgekehrt: Wenn in Australien Tag ist, haben wir in Europa Nacht. Wenn auf diesem Kontinent Frühling ist, toben bei uns bereits die Herbststürme.

Aber nicht nur das macht den kleinsten Kontinent so einzigartig: Das Klima in Australien ist ungefähr so wie in Nordafrika. Im Innern der Rieseninsel gibt es im Sommer wochenlange Hitzewellen mit über +45 Grad Celsius. Nur im Nordosten regnet es reichlich. Im Landesinnern und Westen regnet es selten und die Hitze lässt das Wasser rasch verdunsten. Da gibt es weder Felder noch Weiden.

Aber Australien hat noch mehr Besonderheiten. Beispielsweise das Große Barriereriff. Das ist das größte Korallenriff der Erde. Es ist 2000 Kilometer lang und 300 Kilometer breit. Die großen Städte wie Sydney, Brisbane, Canberra oder Melbourne liegen an der Küste. Durch das Landesinnere kann man fahren, ohne für Stunden auch nur einem einzigen Lebewesen zu begegnen. Die Ausmaße des Landes sind so gigantisch, dass manche Farmerfamilie über hundert Kilometer weit fahren muss, um ihre Nachbarn zu besuchen. Was bei uns das Auto, ist daher in Australien das Flugzeug. Und für die Kinder in den Outbacks (so heißen diese einsamen Gebiete Australiens) findet der Schulunterricht am Funkempfänger statt. Schulen gibt es kaum.

Weißt du's?

Kängurus gibt es in Australien in unterschiedlichen Größen, die meisten Tiere sind allerdings nicht so zutraulich.

Australiens Tierwelt

Auch die ist ein bisschen anders. Weil Australien vom Rest der Welt ziemlich isoliert ist, leben hier Tiere, die es sonst nirgendwo gibt. Hier sind beispielsweise Beuteltiere zu Hause. Die bekanntesten sind die Kängurus. Es gibt 50 verschiedene Arten in den unterschiedlichsten Größen. Mindestens ebenso niedlich sind die Koalabären. Sie leben ausschließlich von Eukalyptusblättern, die es in Australien üppig gibt. Einzigartig sind auch Emus (dem Vogel Strauß ähnlich) und die Schnabeltiere.

Unter Wasser gibt es genauso viel zu sehen: bunte Fische in den Riffregionen und gefährliche Haie. An Australien ziehen auch die bekannten Buckelwale vorbei.

Die Ureinwohner Australiens

Als die ersten Europäer im 18. Jahrhundert nach Australien kamen, trafen sie dort auf dunkelhäutige Ureinwohner, die Aborigines. Sie lebten noch wie die Steinzeitmenschen. Sie jagten mit Speeren und dem Bumerang. Heute leben nur noch etwa 300 000 Aborigines in eigenen Gebieten, die man Reservate nennt.

Für diese Ureinwohner ist das besonders schlimm, weil sie ursprünglich ein wanderndes Volk waren. Zu Ihren Heiligtümern gehört der Ayers Rock. Der riesige Fels ist 2500 Meter breit und 300 Meter hoch. In der Abendsonne schimmert er rötlich.

Die weiße Bevölkerung Australiens ist ein „buntes" Völkergemisch. Ursprünglich kamen die ersten Einwanderer überwiegend aus England ins Land.

Ein Aborigine mit einem bemalten Schild und dem traditionellen Didgeridoo.

1 Wie heißt die Hauptstadt Australiens?

- Sydney
- Canberra
- Brisbane
- Melbourne

2 Welche riesigen Meeressäugetiere ziehen an den Küsten Australien vorbei?

- Haie
- Buckelwale
- Karpfen
- Riesenkraken

3 Wie nennt man das einsame Landesinnere Australiens?

- Outbacks
- Outlaw
- Outfit
- Outdoor

1. Canberra 2. Buckelwale 3. Outbacks

Neuseeland und Tasmanien

Diese beiden großen Inseln gehören auch noch zum australischen Kontinent. Sie liegen im Pazifischen Ozean: Tasmanien südlich von Melbourne und Neuseeland 1600 Kilometer östlich von Australien. Die Maori sind die polynesischen Ureinwohner Neuseelands. Sie kamen vor 1000 Jahren mit ihren Kanus über den Pazifik von ihren Südseeinseln. Vor 200 Jahren ließen sich auch europäische Einwanderer hier nieder. Bekannt ist Neuseeland für seine Schafe. Etwa die Hälfte der Landesfläche sind Weiden.

EUROPA

Nordkap
BARENTS-SEE
Mezen'
Severnaja Dvina
Reykjavik
ISLAND
SKANDINAVIEN
ATLANTISCHER OZEAN
Helsinki
Oslo
Stockholm
Tallinn
Moskau
BRITISCHE INSELN
Riga
Kopenhagen
Vilnius
Minsk
Dublin
Warschau
Amsterdam
London
Berlin
Kiew
Brüssel
Dnepr
Seine
Luxemburg
Prag
Dnestr
Paris
Rhein
Donau
Chisinau
Vaduz
Wien
Bratislava
Budapest
KARPATEN
Bern
ALPEN
Loire
Rhone
Ljubljana
Bukarest
IBERISCHE HALBINSEL
Po
Zagreb
Belgrad
SCHWARZES MEER
Andorra
Monaco
APPENIN
PYRENÄEN
San Marino
Sarajevo
Sofia
Ebro
Rom
BALKAN
Skopje
Istanbul
Madrid
Vatikan
Tirana
Tajo
Lissabon
ASIEN
Athen
Tarifa
MITTELMEER
AFRIKA
Malta

Das Brandenburger Tor steht in der deutschen Hauptstadt Berlin. Von 1961–1989 war der Durchgang gesperrt.

Weißt du's?

1 Wie heißt die europäische Währung?
- Taler
- Teuro
- Euro
- Mark

2 Wie viele Länder gibt es in Europa?
- 50
- 25
- 118
- 46

3 Wie heißt der kleinste europäische Staat?
- San Marino
- San Remo
- Vatikanstadt
- Monaco

1. Euro 2. 46 3. Vatikanstadt

Europa auf dem Globus

Nach Australien ist Europa der kleinste Kontinent. Er wird im Norden vom europäischen Nordmeer begrenzt, im Westen liegt der Atlantische Ozean und im Süden das Mittelmeer. Das Uralgebirge im Osten trennt Europa und Asien. Europa liegt ausschließlich auf der nördlichen Halbkugel und ist der einzige Erdteil ohne Wüste. Europa hat 46 Länder. Jedes hat seine eigene Geschichte, Kultur und meistens auch seine eigene Sprache.

Europas Landschaften

Wenn man sich Europa auf der Landkarte anschaut, sieht man, dass es stark zerklüftet ist. Vom hohen Norden bis zum Süden ist das Bild geprägt von Inseln und Halbinseln. Zu den großen zählt die Skandinavische Halbinsel mit den Ländern Schweden, Norwegen und Finnland. Westlich davon liegt eine große Insel: Island. Auch Großbritannien liegt auf einer Insel.

Spanien und Portugal teilen sich die Iberische Halbinsel im Süden. Und Griechenland liegt auf der Balkanhalbinsel.

In Europa gibt es hohe Berge, wie die Alpen, und mächtige Flüsse, wie beispielsweise die Donau oder die Wolga. Wälder, Wiesen und Felder prägen weite Landschaftsräume.

Europas Tierwelt

Ganz im Norden findet man Rentiere, Lemminge und den Vielfraß. Von der Mitte Skandinaviens bis südlich der Alpen leben ähnliche Tiere: Elch, Hirsch und Reh oder Fuchs, Dachs, Marder und Iltis. Außerdem gibt es viele kleine Nagetiere: Mäuse, Hamster und Eichhörnchen. Auch Igel, Maulwurf und Fledermaus sind hier heimisch. Singvögel, Greifvögel und Eulen leben in Wäldern und Hecken. Im südlichen Europa sind solche Waldtiere seltener, dafür gibt es dort auch Schlangen, Eidechsen und Skorpione.

Europas Besonderheiten

Davon gibt es eine Menge. Der größte europäische Staat ist Russland, der kleinste die Vatikanstadt inmitten von Rom. Grönland, die größte Insel der Welt, gehört zu Dänemark, liegt aber nicht in Europa. Auch die Kanarischen Inseln gehören zwar zu Spanien, zählen aber nicht zu Europa, sondern zu Afrika. Die türkische Stadt Istanbul ist wiederum die einzige Stadt der Welt, die zugleich auf zwei Kontinenten liegt – Europa und Asien.

Vereintes Europa

Den Europäer gibt es eigentlich nicht. Allerdings versuchen Politiker seit vielen Jahren, ein vereintes Europa zu gestalten. In dieser „Europäischen Union" (EU) werden Grenzen abgebaut und gemeinsame Gesetze verabschiedet. Ein wichtiger Schritt war die Einführung einer gemeinsamen Währung, des Euros, der seit 2002 als Zahlungsmittel verwendet wird.

KINDER AUF ANDEREN KONTINENTEN

Wo der Boden so trocken ist und es nur selten regnet, gibt es wenig zu ernten. Die Kinder müssen oft Hunger leiden.

Die Straße ist ihr Zuhause. Hier gibt es keine Spielplätze oder Sportanlagen, von einem eigenen Zimmer können sie nur träumen.

Leben alle Kinder so wie wir?

Das wäre wirklich schön, aber vielen Kindern dieser Welt geht es nicht so gut wie ihren Altersgenossen in Europa, Australien oder Amerika. Vor allem in Asien, Afrika und einigen südamerikanischen Ländern haben es Kinder schwer. Hier leben viele Menschen, die zu wenig zu essen haben und oft an Unterernährung leiden. Viele können nicht zur Schule gehen und müssen stattdessen arbeiten, damit ihre Familien überleben können. In zahlreichen Ländern ist ihre Heimat durch Krieg und Terror zerstört.

Warum müssen Kinder hungern?

Die meisten Kinder, die Hunger leiden, leben in den sogenannten Entwicklungsländern. Diese Staaten sind so arm, dass sie die Bevölkerung nicht ernähren können. Es fehlt an Saatgut und Maschinen, um die Felder zu bestellen. Oft genug spielt auch das Wetter in diesen Ländern verrückt (es regnet zu viel oder überhaupt nicht) und die Ernten verkommen auf den Feldern. In vielen Ländern herrscht auch Krieg und die Menschen müssen ihr Land verlassen. Dann leben sie in Flüchtlingslagern und sind auf Nahrungsmittel von Hilfsorganisationen angewiesen.

Das Leben ist schön, auch wenn man nicht alles bekommt, was man will. Viele Kinder müssen schon früh arbeiten, um zu überleben.

Warum müssen Kinder arbeiten?

In den Entwicklungsländern leben viele Menschen, die sehr, sehr arm sind. Oft können die Eltern nicht zur Arbeit gehen oder finden keinen Job, dann müssen die Kinder arbeiten und den Lebensunterhalt verdienen. Oft ist das sehr hart. Sie arbeiten in Steinbrüchen und Bergwerken, knüpfen Teppiche oder sammeln Müll, den sie dann wieder verkaufen. Meistens werden die Kinder auch schlecht bezahlt. In manchen Ländern werden Kinder sogar als Sklaven verkauft, nur damit die Familie etwas zum Essen hat.

Wie leben Kinder im Krieg?

In vielen Ländern der Welt herrschen Krieg und Terror – und darunter leiden vor allem die Kinder. Die Häuser, in denen sie leben, sind zerstört. Es gibt keine Schulen mehr und zu wenig Krankenhäuser. Oft sind Eltern und Verwandte auch im Krieg gestorben. Dann sind sie ganz alleine, leben in Waisenhäusern oder zusammen mit anderen Kindern auf der Straße. In vielen Landstrichen, in denen Krieg herrscht, liegen Minen im Boden vergraben. Kinder, die beim Spielen darauf treten, verlieren ihre Beine und manche auch ihr Leben. In einigen Ländern kämpfen Kinder sogar als Soldaten im Krieg. Sie tragen Waffen und töten sogar Menschen.

Kinder ziehen in manchen Ländern auch in den Krieg. Die kleinen Soldaten lernen früh, mit der Waffe umzugehen.

Warum sind so viele Kinder krank?

Wer zu wenig zu essen hat und kein sauberes Wasser zum Trinken, der ist anfällig für Krankheiten. In Ländern, die so arm sind wie die Entwicklungsländer, gibt es auch selten für alle Menschen Toiletten oder Duschen. All das macht Kinder auf Dauer krank. Es gibt in diesen Ländern auch nur wenige Krankenhäuser und Ärzte, so dass Kinder weder gegen gefährliche Krankheiten geimpft noch behandelt werden können, wenn sie krank geworden sind.

Vor allem in Afrika leiden viele Kinder an Malaria. Das ist eine Krankheit, die durch Moskitos übertragen wird. Andere wiederum sind mit Immunschwächekrankheiten wie zum Beispiel Aids infiziert oder erkranken an Kinderlähmung.

INFO!

Die Rechte der Kinder

Es gibt ein Gesetzeswerk mit dem Titel „Die Rechte der Kinder“. Doch was dort geschrieben steht, ist für viele Kinder dieser Welt ein schöner Traum. Auch wenn Kinderarbeit verboten ist, müssen Kinder schuften. Auch wenn Kinder ein Recht auf „körperliche Unversehrtheit“ haben, müssen sie Hunger leiden, sterben an Krankheiten oder durch Krieg. Und auf den Schulbesuch haben Kinder ebenfalls ein Recht. Doch wo es keine Schulen gibt, kann man mit diesem Anrecht wenig anfangen.

Ohne Schule keine Zukunft

Die reicheren Länder unterstützen die armen Länder mit Geld und Hilfsmitteln. Doch oft genug reicht das Geld nur dazu, das Überleben der Bevölkerung zu sichern. Weil viele Kinder dieser Welt nicht zur Schule gehen können, lernen sie niemals schreiben, lesen und rechnen. Sie bleiben Analphabeten und haben so auch keine Chance, einen Beruf zu erlernen. So müssen sie in Zukunft genauso arm leben wie ihre Eltern.

Experten beschreiben das Leben dieser armen Kinder als Teufelskreis, aus dem es scheinbar kein Entrinnen gibt. Deshalb investiert man auch immer mehr in Bildung, um den Kindern eine bessere Zukunft zu sichern. Auch die Bemühungen vieler internationaler Hilfsorganisationen, wie beispielsweise das Weltkinderhilfswerk, können die zunehmende Kinderarmut nicht aufhalten.

Kinderreiche Familien sind in den meisten Ländern keine Seltenheit. Ältere Geschwister passen oft auf die jüngeren auf.

1 Länderrätsel

Wie heißen die Nachbarstaaten von Deutschland? Trage die Namen an der richtigen Stelle ein!

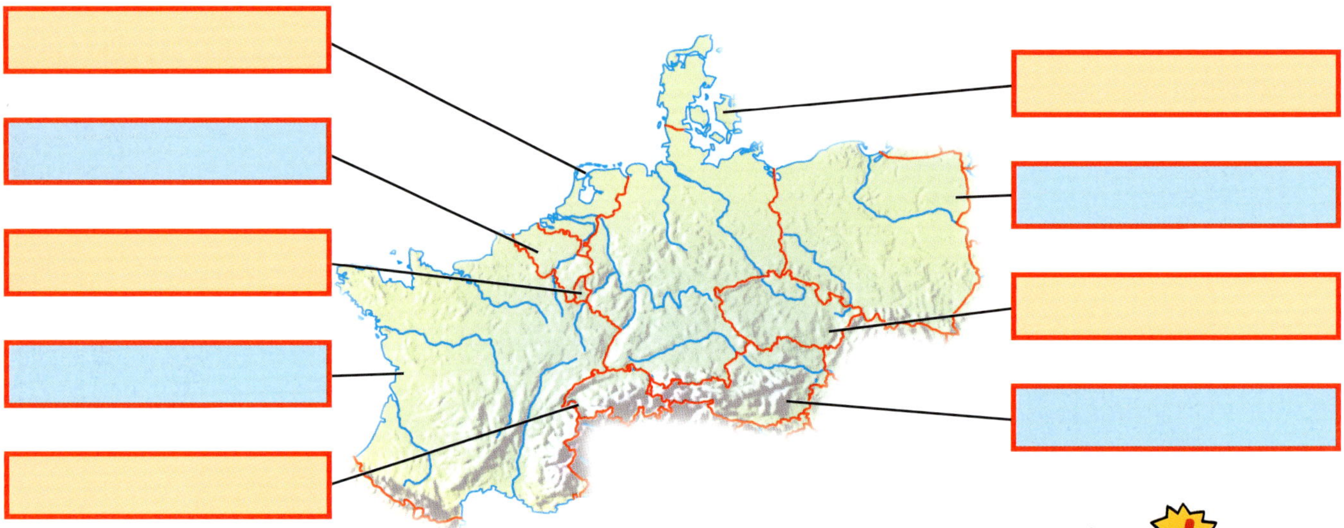

2 Kontinent gesucht

Trage die Antworten zu den Fragen 1 bis 6 in die dazugehörigen Kästchen ein. Einige Buchstaben sind schon vorgegeben. Sind alle Fragen richtig beantwortet, entdeckst du in der senkrechten Spalte den Namen eines Kontinents.

1. Hier gibt es Cowboys und Indianer.
2. Auf diesem Kontinent lebst du.
3. In den Bergen dieses Kontinents sind die Inka zuhause.
4. Hier findest du die Wüste Sahara.
5. China liegt auf diesem größten Kontinent.
6. Das ist der Kontinent der Kängurus.

Das Lösungswort lautet: _ N T _ _ _ T _ _

3 Was gehört wohin?

Verbinde das richtige Bild mit dem richtigen Kontinent auf der Weltkarte!

4 Die große Sucherei

Finde in diesem Buchstabengitter folgende Begriffe:

- NEW YORK
- HIMALAYA
- SAHARA
- AFRIKA
- AMAZONAS
- CHINA
- MISSISSIPPI
- ABORIGINES
- EIFFELTURM
- ALASKA
- BERLIN
- NIL
- ROM
- ÄQUATOR
- PEKING
- KOALABÄR
- INDIOS
- VICTORIASEE
- SPANIEN

Q	H	I	M	A	L	A	Y	A	Z	E	T	M	U	K	Ä
W	A	Y	T	S	Ö	W	S	Q	F	C	H	I	N	A	Ö
R	S	X	G	A	F	R	I	K	A	S	G	S	K	A	U
N	D	C	F	H	P	E	S	W	P	F	D	S	R	B	E
E	F	V	D	A	U	R	D	E	O	D	E	I	R	O	I
W	G	B	S	R	A	M	A	Z	O	N	A	S	E	R	F
Y	Ä	Q	U	A	T	O	R	D	K	F	G	S	R	I	F
O	H	N	A	H	Z	E	T	F	P	E	K	I	N	G	E
R	J	M	K	O	A	L	A	B	Ä	R	T	P	T	I	L
K	K	Q	S	J	P	Z	N	E	P	R	A	P	D	N	T
T	L	W	A	L	Ü	J	I	R	O	E	L	I	F	E	U
I	N	D	I	O	S	L	L	L	O	W	A	O	L	S	R
Z	Ö	E	A	G	O	G	R	I	L	Q	S	K	K	L	M
U	R	R	S	J	I	R	I	N	L	S	K	H	J	K	Z
I	O	T	W	V	I	C	T	O	R	I	A	S	E	E	J
O	M	G	Q	Ä	S	P	A	N	I	E	N	K	M	N	H

Technik und Umweltschutz

Technik und Umweltschutz

AUTOS

Welcher Wagen fährt am schnellsten? In so einem Rennwagen möchte jeder gerne einmal sitzen.

Der erste „Selbstbeweger"

Auto ist eigentlich die Abkürzung für Automobil, das heißt Selbstbeweger. Carl Benz (1844–1929) und Gottlieb Daimler (1834–1900) hatten es gleichzeitig, im Jahr 1886, geschafft: Sie bauten jeder ein Fahrzeug, das nicht mehr von Pferden gezogen werden musste. Es brauchte auch keine Schienen wie die schweren Dampflokomotiven, die es schon vorher gab. Der Benz-Motorwagen war noch ein Dreirad und fuhr 12 Kiometer in der Stunde, damit immerhin schneller als die Postkutschen. Das Gefährt verfügte über einen Verbrennungsmotor mit einer halben Pferdestärke. Man verglich Motoren damals mit Pferden, weil diese die wichtigsten Zugtiere waren. Solche Motoren treiben heute Rasenmäher an!

Was ein Auto bewegt

Um ohne Pferde zu fahren, braucht das Auto einen Motor. Die meisten Autos haben Verbrennungsmotoren. Es gibt aber auch Elektroautos, die mit Batterien angetrieben werden. Im Verbrennungsmotor wird immer wieder ein Gemisch aus Benzin und Luft durch Funken entzündet. Das gibt kleine Explosionen, die in einem ganz dichten Zylinder erfolgen. Dadurch wird im Zylinder ein Kolben auf und ab bewegt. Dieses Auf und Ab wird über Stangen auf eine Kurbelwelle übertragen. Diese Kurbelwelle dreht sich ganz rasch. Über das Getriebe wird diese Drehung auf die Räder übertragen. Mit dem Getriebe kann man verschiedene Geschwindigkeiten wählen. Es wird mit der Kupplung und der Gangschaltung betätigt. Gestartet wird der Motor von einem kleinen Elektromotor, dem Anlasser. Der bekommt seine Energie von der Batterie. Die Räder sind heute nicht mehr aus Holz mit Eisenreifen. Luftgefüllte Gummireifen machen das Fahren sicherer und bequemer.

Was das Auto sonst noch braucht

Für die sichere Fahrt braucht das Auto eine Lenkung für die Vorderräder und Bremsen an allen Rädern. Die heutigen Konstrukteure arbeiten immer weiter daran, dass Bremsen nicht blockieren. Denn dann rutschen die Räder und das Auto kann nicht mehr gelenkt werden. Durch die Servolenkung kann heute ein Wagen viel leichter gesteuert werden. Man braucht keine große Kraft mehr, um das Lenkrad zu drehen.

Sicherheit für die Autofahrer

Die Karosserie ist das Gehäuse, in dem die Autofahrer sitzen. Viele Erfindungen haben das Fahren sicherer gemacht. Stellen, die bei einem Unfall zerknittern, nennt man Knautschzonen. Sie sorgen dafür, dass der Stoß bei einem Aufprall nicht ganz auf den Körper der Menschen wirkt. Gurte verhindern, dass man durch die Frontscheibe fliegt. Auch der Airbag schützt den Körper bei Unfällen.

Das erste vierrädrige Automobil. Daimler „Kutschwagen", 1886.

Der erste Motor-Omnibus der Welt. Benz Hotelwagen, 1895.

Das erste Auto vom Fließband. Ford T „Tin Lizzy", 1908.

Trabant, 1959

Horch 303, 1926

VW 1200 Standard „Käfer", 1946

Bevor ein Fahrzeug für den Straßenverkehr zugelassen wird, muss es verschiedene Sicherheitstests bestehen.

Innerhalb kürzester Zeit wurde der schicke Cityflitzer „Smart“ zum beliebten Fahrzeug und Kunstobjekt.

Weißt du’s?

1 Mit welcher tierischen Kraft misst man die Motorstärke?

- Elefantenpower
- Nashornschub
- Pferdestärke
- Gorillakraft

2 Was schützt bei Unfällen die Mitfahrer?

- Windbeutel
- Airbag
- Blasebalg
- Schutzhelm

3 Wie alt musst du sein, um vorne auf dem Beifahrersitz mitzufahren?

- 8 Jahre
- 10 Jahre
- 12 Jahre
- 14 Jahre

1. Pferdestärke 2. Airbag 3. 12 Jahre

Autos machen auch Probleme

Inzwischen gibt es Millionen von Autos. Damit sie fahren können, wird immer mehr Landschaft durch Straßen und Autobahnen zerstört. Außerdem verunreinigen die Autos durch ihre schädlichen Abgase die Luft. Diese Abgase verändern unser Klima und sind eine von vielen Ursachen für erhöhte Ozonwerte und sauren Regen. Der lässt unsere Bäume sterben, die wir für reine Luft brauchen. Ein Auto, das öfter mal in der Garage stehen bleibt, ist das umweltfreundlichste Auto.

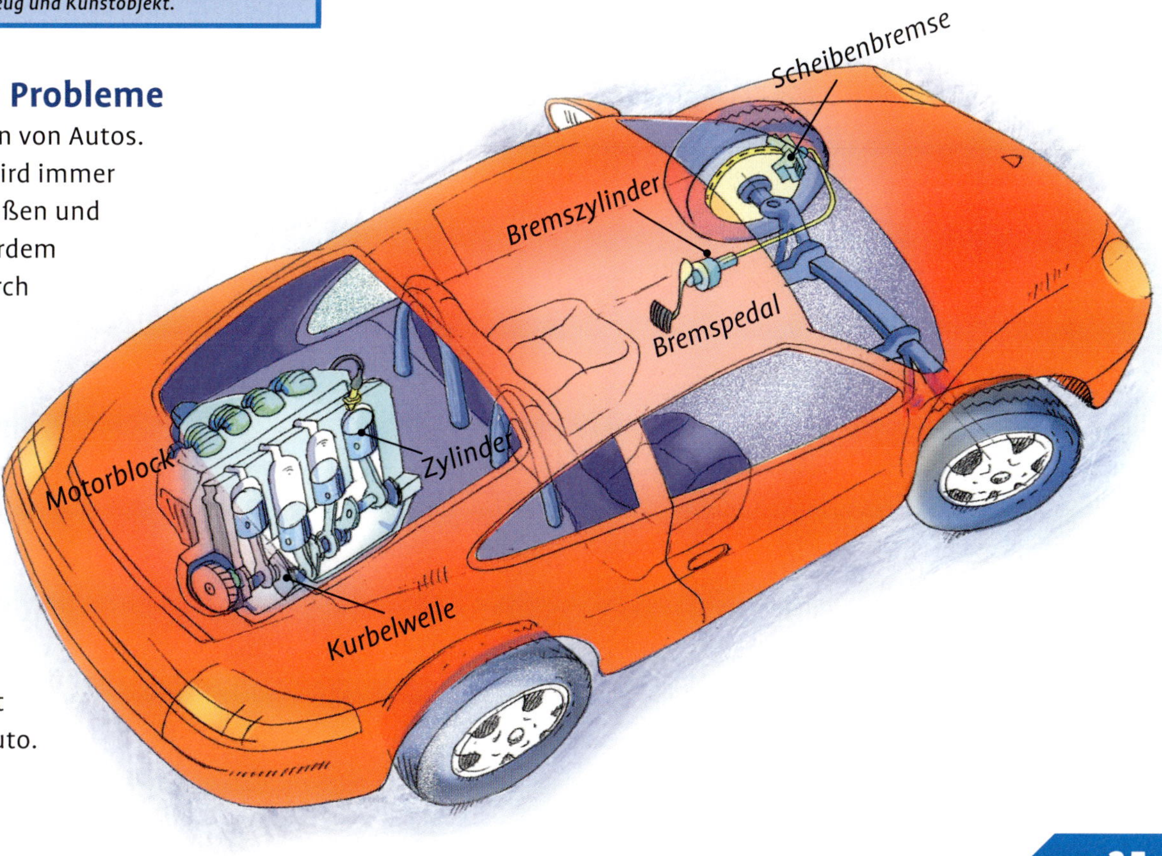

SCHIFFE

Die ersten Schiffe

Vermutlich war es der tägliche Kampf um Nahrung und Überleben, der unsere Vorfahren dazu brachte, sich auf das Element Wasser zu wagen. Wahrscheinlich haben sie beobachtet, dass Wasser bestimmte Dinge trägt. So haben sie mehrere Baumstämme zum ersten Floß zusammengebunden und Stangen als Ruder und Paddel benutzt. Schließlich wurden Stämme ausgehöhlt, denn ausgehöhltes Holz schwimmt noch leichter (viel später erst entdeckten die Menschen, dass sogar Eisen mit einem großen Hohlraum schwimmen kann). In dem so entstande- nen Einbaum konnte man sich zum Rudern sogar hineinsetzen. Bei uns in Mitteleuropa gab es allerdings gegen Ende der letzten Eiszeit keine Bäume. Man vermutet, dass die Jäger und Sammler dieser Gegend sich deshalb einfache Boote aus Fellen und Tierknochen gebaut haben. Diese brauchten sie, um den Rentierherden über die riesigen Ströme von Schmelzwasser zu folgen. Auch im alten Ägypten war Holz knapp. Hier baute man zuerst Boote aus der Papyruspflanze.

Segel- und Ruderschiffe

Erst 1500 Jahre später bauten die Ägypter Schiffe aus Holz. Eine große Hilfe bei der Schifffahrt war die Erfindung des Segels. Dieses konnte in der ersten Zeit allerdings nur gebraucht werden, wenn der Wind von hinten kam. Sonst musste man rudern, paddeln oder staken. In der Folgezeit bauten viele Völker Handels- und Kriegsschiffe. Die Ruderer waren oft Kriegsgefangene oder Sklaven, die an ihren Plätzen festgekettet waren. Sie wurden geschlagen, wenn sie den Rudertakt nicht einhalten konnten.

Schließlich lernte man die Windkraft besser auszunutzen. Mit ihren dreieckigen Segeln konnten arabische Seeleute als Erste auch gegen den Wind fahren. Man nennt das kreuzen. Große Segelschiffe wurden gebaut, die die Entdeckung neuer Erdteile möglich machten. Christoph Kolumbus brauchte ungefähr 70 Tage, um mit seinen drei Schiffen Amerika zu erreichen. Ferdinand Magellan entdeckte 1519 mit 5 Segelschiffen die Meeresstraße an der Spitze von Südamerika, die Durchfahrt zum Pazifik. Er fand auf dieser Reise den Tod, nur eines der Schiffe kam nach der ersten Erdumrundung zurück. Sir Francis Drake umsegelte erfolgreich von 1577 bis 1580 die Erde. Im 18. und 19. Jahrhundert befuhren große Fregatten und schnelle Klipper die Weltmeere und betrieben Handel auf der ganzen Welt. Ein deutsches Segelschiff hatte sogar 5 Masten.

Katastrophenalarm auf dem Meer: Öltanker geraten schnell in Brand oder verseuchen das Meer mit ihrer Ladung.

Schifffahrt auf dem Rhein: Vom Ausflugsdampfer aus lassen sich die Sehenswürdigkeiten gut bewundern.

Dampfschifffahrt

Nach der Erfindung der Dampfmaschine wurde Dampf als Antrieb von Schiffen nutzbar gemacht. Auf den Flüssen fuhren große Raddampfer. Bald darauf wurden Schiffe mit Schraubenantrieb gebaut. Maschinen- und Schiffsbautechnik verbesserte sich immer weiter. Gigantische Ozeanriesen und große Luxusdampfer befahren heute die Weltmeere. Frachter befördern Tonnen von Kohle und Erz, Kühlschiffe bringen verderbliche Ware. Erdöl wird in Tankern über die Meere transportiert. Containerschiffe laden oft mehr als 4000 Container. Es gibt aber auch atomgetriebene U-Boote. Unter Luftkissenboote wird mit starkem Druck Luft gepresst, von einem Flugzeugpropeller werden sie vorangetrieben. Auf Schiffen, die man Flugzeugträger nennt, können sogar Düsenjäger starten und landen.

Stückgutfrachter mit Ladekränen

Luftkissenboot

Raddampfer

phönizisches Schiff

Santa Maria, Karracke des Christoph Kolumbus

INFO!

Der Mythos „Titanic“

Im Frühjahr 1912 machte das gigantische Luxusschiff „Titanic“ seine Jungfernfahrt von England nach Amerika. Der Dampfer galt als schnell und sehr sicher – das war leider ein Irrtum. In der Nacht vom 14. auf den 15. April 1912 stieß die Titanic mit einem Eisberg zusammen und sank auf den Grund des Meeres. Über 1450 Passagiere überlebten das Unglück nicht. Seitdem ranken sich viele Geschichten rund um den Untergang. Der Kinofilm „Titanic“, der von dieser Katastrophe handelt, wurde 1997 zum Welterfolg. Er war einer der teuersten Filme aller Zeiten und machte die Hauptdarsteller Leonardo di Caprio und Kate Winslet zu Superstars.

FLUGZEUGE

Der Traum vom Fliegen ist uralt

Daidalos und Ikaros in der griechischen und Wieland der Schmied in der germanischen Sagenwelt hatten wenig Glück. Sie versuchten, wie die Vögel mit beweglichen Flügeln zu fliegen. Dafür aber ist der Mensch zu schwer oder seine Arme sind zu schwach.

Warum ein Flugzeug fliegen kann

Damit ein Flugzeug mit starren Flügeln fliegen kann, müssen seine Tragflächen ganz bestimmte Formen haben. Es muss sich zunächst sehr schnell gegen die Luft bewegen. Durch die Form der Flügel strömt die Luft oben schneller als unten an den Tragflächen entlang. Dadurch wird der Luftdruck auf die Oberseite kleiner als auf die Unterseite der Flügel. So bekommt das Flugzeug einen Auftrieb, der größer sein muss als sein Gewicht.

Die ersten Flugerfolge

Einer der ersten erfolgreichen Flieger war Otto Lilienthal. Er baute ein Gleitflugzeug mit starren Flügeln und schwebte viele Male von Hügeln herab. Ein Absturz kostete ihn das Leben. 1903 bauten die beiden amerikanischen Brüder O. und W. Wright das erste Motorflugzeug. Es war aus Holzstäben mit Stoffbespannungen aufgebaut. 1915 stellte H. Junkers in Deutschland das erste Flugzeug ganz aus Metall her.

Die ersten Motorflieger wurden von Benzinmotoren, die Propeller drehten, angetrieben. Das Flugschiff Dornier Do X hatte 12 Motoren. Es war so groß, dass es nur auf Wasserflächen starten und landen konnte. 1939 flog das erste Flugzeug mit einem Düsenantrieb (Heinkel HE 178). Heute haben alle großen und schnellen Flugzeuge Düsenantrieb.

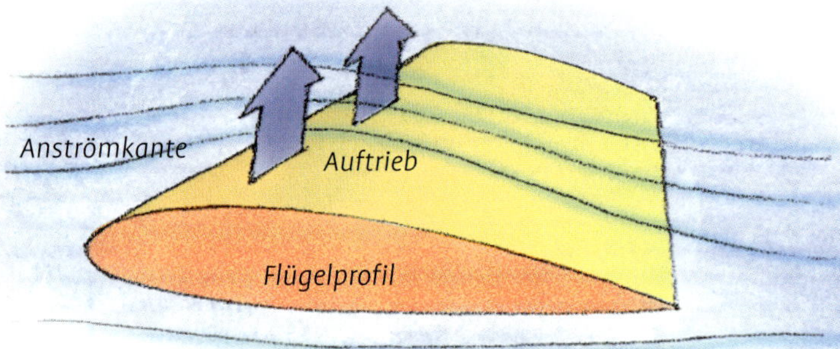

Wright-Flieger, um 1903

Kein Raumschiff, sondern ein Tarnkappenflugzeug

Der Airbus A380 ist das größte Passagierflugzeug der Welt.

1932: Die Amerikanerin Amelia Earhart überquerte als erste Frau den Atlantik mit einem Flugzeug.

Sie flogen zwar nicht weit und hoch, aber sie flogen! Die ersten Doppeldecker-Testflüge endeten meistens mit einer Bruchlandung.

Düsenantrieb

Moderne Flugzeuge wie Jets oder Düsenjäger werden mit Düsentriebwerken angetrieben. Die Triebwerke saugen vorn rasch sehr viel Luft ein. Die Luft wird im Triebwerk mit Treibstoff gemischt, verdichtet und entzündet. Dadurch strömen sehr heiße Gase mit hohem Druck nach hinten aus. Dieses Ausströmen gibt dem Flugzeug den schnellen Schub nach vorn.

Mach mit!

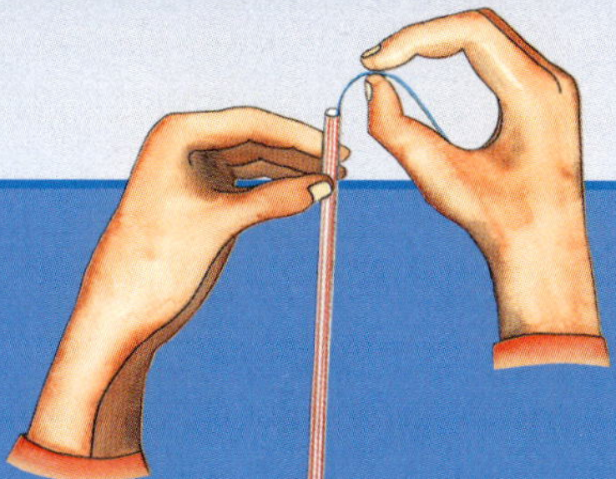

Düsenantrieb zu Hause

Fädle einen Trinkhalm auf einen langen, dünnen festen Faden. Den spannst du über eine lange Strecke auf dem Hof oder im Flur. Blase einen möglichst großen Schlangenluftballon kräftig auf. Dabei verdichtest du die Luft. Halte das Mundstück fest zu (nicht verknoten!). Bitte jemanden, den Ballon am Trinkhalm mit Klebeband anzukleben. Dann lasse los! Die verdichtete Luft wird aus deinem Ballon gepresst. Mit Düsenantrieb saust er am Faden entlang fort.

Die Boeing 747 gehört zu den bekanntesten und meistgenutzten Passagierflugzeugen.

EISENBAHNEN

Seit wann gibt es Eisenbahnen?

Schon im 16. Jahrhundert wurden in englischen Kohlengruben Förderwagen mit Holzrädern auf Holzschienen verwendet. Später ließ man die schweren Züge von Pferden durchs Bergwerk ziehen. Im 18. Jahrhundert, also vor fast 200 Jahren, wurden die Holzwägelchen durch eiserne ersetzt. Diese nannte man dann Eisenbahnen. Später wurde der Name für alle möglichen Fahrzeuge verwendet, die auf Schienen fuhren. Die erste Eisenbahn der Welt fuhr in England 1825. In Deutschland baute man im Jahre 1835 eine erste Schienenverbindung zwischen Nürnberg und Fürth.

Warum fahren Züge auf Schienen?

Dahinter steckt ein einfaches Prinzip: Eisenräder, die über Eisenschienen rollen, gleiten besser, als beispielsweise Gummiräder auf Straßen. Durch die geringere Reibung können Züge viel größere Lasten ziehen und brauchen dafür weniger Kraft.

Züge haben glatte Metallräder, die etwas nach innen geneigt sind. Dadurch bleiben die Räder auch in Kurven auf den Schienen. Ein Rand an der Radinnenseite sorgt dafür, dass sie selbst bei engen Kurven in der Spur bleiben.

Eine Diesellok im Einsatz. Rudolf Diesel entwickelte 1892 die ersten Diesellokomotiven.

Womit wurden Züge früher angetrieben?

Die ersten Züge fuhren mit Dampflokomotiven. Sie wurden mit Wasserdampf angetrieben. Jede Dampflokomotive hatte einen großen Kessel, in dem Wasser mit einem Kohlenfeuer stark erhitzt wurde. Der Wasserdampf, der dabei entstand, trieb im Zylinder einen Kolben an, der über ein Gestänge mit den Treibrädern der Lok verbunden war. Jede Dampflokomotive zog einen sogenannten Tender hinter sich her, auf dem die Kohle zum Heizen geladen war. Ein Heizer sorgte stets für die richtige Temperatur im Kessel. Der Lokomotivführer regulierte die Geschwindigkeit und lenkte den Zug. Bis in die 1970er Jahre fuhren in Deutschland solche Dampflokomotiven.

Wie fahren moderne Eisenbahnen?

Heute werden überwiegend Diesel- oder Elektrolokomotiven eingesetzt. Die erste Elektrolok hatte Werner von Siemens 1879 entwickelt. Doch damit diese auch überall fahren konnte, mussten parallel zu den Schienen elektrische Leitungen verlegt werden. Das dauerte einige Zeit.

Diesellokomotiven wurden 1892 von Rudolf Diesel entwickelt. Bis heute fahren Eisenbahnen mit einer dieser beiden Zugmaschinen.

Moderne elektrische Züge fahren überwiegend mit Strom, der aus den Oberleitungen kommt. Sie brauchen deshalb keine Treibstofftanks und sind entsprechend leichter. Weil sie weniger wiegen, kommen sie auch schneller voran.

Weißt du's?

1 Welche Lokomotive ist mit Jim Knopf unterwegs?

- Berta
- Bimmel
- Emma
- Luzie

2 Wie schnell fährt ein ICE durchschnittlich?

- 250 km/h schnell
- 550 km/h schnell
- 100 km/h schnell
- 25 km/h schnell

3 Wer erfand die Elektrolokomotive?

- Werner von Braun
- Werner von Siemens
- Rudolf Diesel
- Alfred Biolek

1. Emma 2. 250 km/h 3. Werner von Siemens

Im Schienenlabyrinth eines Rangierbahnhofs sind exakt funktionierende Weichen lebensnotwendig.

In den modernen Fahrerkabinen der Züge sieht es ähnlich aus wie in einem Flugzeugcockpit. Es gibt nur noch ein Fahrerpult mit allen wichtigen Instrumenten und ein Funkgerät. Damit spricht der Lokführer mit den Leitstellen, die alle Züge auf der Strecke kontrollieren. Wenn es zu einem Unfall auf der Strecke gekommen ist, wird der Lokführer so gewarnt.

Wie schnell fährt der schnellste Zug?

Die schnellsten Eisenbahnfahrzeuge sind heute die ultramodernen Expresszüge der großen Eisenbahngesellschaften. Sie können heute auf speziellen Hochgeschwindigkeitsstrecken bis zu 500 Kilometer in der Stunde fahren. Aber so schnell ist ein normaler Zug nur selten. Die modernen ICEs (InterCityExpress-Züge) fahren etwa 250 Stundenkilometer. Dabei muss sich der Passagier weder anschallen, noch muss man sich Sorgen um Nebel oder Schnee machen. Mit dem ICE ist man doppelt so schnell wie mit dem Auto, aber nur halb so schnell wie mit einem Flugzeug unterwegs.

Immer schneller und bequemer werden die neuen Hochgeschwindigkeitszüge der Bahnunternehmen.

Züge und Umweltschutz

Züge können die idealen Transportmittel der Zukunft sein. Ein Zug kann schwerere Lasten befördern als ein Lastwagen oder mehr Menschen als ein Bus. Dabei braucht er weniger Treibstoff, so dass die Umwelt weniger belastet wird. Den größten Beitrag zum Umweltschutz leisten Eisenbahnen heute deshalb, weil sie dafür sorgen, dass weniger Lastwagen fahren müssen, um Güter zu transportieren.

COMPUTER

Was ist ein Computer?

So eine dumme Frage! Computer kennt jeder, meinst du? Stimmt! Das sind die Geräte, zu denen ein Bildschirm gehört. Auch eine Tastatur ist daran angeschlossen und meistens eine Maus. In der Industrie sind die einzelnen Computerarbeitsplätze an einen gemeinsamen Rechner (= Server) angeschlossen, zu Hause und in der Schule hat man einen PC, das heißt Personal Computer. Im Zug sieht man zuweilen Passagiere sitzen, die einen kleinen tragbaren Computer vor sich haben, auf dem sie während der Reise ihre Arbeiten erledigen oder ihre Gedanken festhalten: Es sind Laptops oder Notebooks. Das sind die Computer, die du sofort erkennst. Es gibt aber in unserer Welt auch überall da Computer, wo du sie nicht erwartest: Flugzeuge werden heute fast vollständig von Computern gelenkt, in Operationssälen werden die komplizierten Geräte von Computern gesteuert, in der Industrie erledigen Roboter die Arbeit. Auch sie sind von Computern gesteuert.

Industriecomputer in einer Fertigungsanlage

Das ist also ein Computer:

Der Computer ist ein Steuerungsgerät, das alle unsere Eingaben in Zahlen übersetzt, ausrechnet und dann die Zahlen wieder zurückübersetzt in eine Sprache, die wir verstehen. Was braucht er dazu? Zunächst mal die

Hardware:

Das sind alle Geräte: der Rechner, in dem die Programme arbeiten, der Monitor, das ist der Bildschirm, die Tastatur, mit der man alles eintippt, die Maus, mit der man an verschiedene Stellen klicken kann, der Joystick, der wie ein Steuerknüppel in einem Flugzeug funktioniert, der Scanner, mit dem man Bilder einlesen kann, der Drucker, der das Ergebnis auf Papier festhält, der Plotter, der komplizierte Kurven zeichnen kann, der Soundblaster, der Töne wiedergibt, die Netzwerkkarte, mit der man verschiedene Geräte verbinden kann, das Modem/die ISDN-Karte, mit denen man über die Telefonleitung Informationen verschickt oder empfängt. Alles, was man anfassen kann, ist die Hardware. Damit man aber mit dem Computer arbeiten oder spielen kann, braucht man auch

Software:

Der Computer selber kann nämlich nichts. Er ist ein Gerät, das nur versteht: Strom an, Strom aus. Strom aus ist gar nichts, also Null, Strom an ist etwas, also Eins. Und mit diesen beiden Zahlen kann der Computer alles berechnen, wenn er die richtige Software hat, die sagt, was er tun soll. Solche Programme werden von Programmierern geschrieben. Ein besonderes Programm, das Betriebssystem, steuert den Computer. Mit Arbeitsprogrammen rechnet und konstruiert man, schreibt und bearbeitet Texte, erstellt Grafiken (= Zeichnungen) und so weiter. Und natürlich gibt es auch Spielprogramme, mit denen man ganz leichte und auch ganz schwierige Spiele spielen kann. Ein Schachcomputer hat sogar den allerbesten Schachspieler der Welt besiegt!

Weißt du's?

Vielen Kindern macht das Spielen und Experimentieren mit dem Computer sehr viel Spaß. In zahlreichen Grundschulen werden bereits Computer-Kurse angeboten.

1 Wofür steht die Abkürzung „PC"?

- Prima Clown
- Personal Computer
- Perfekter Comic
- Personal Call

2 Was ist beim Computer eine „Maus"?

- Ein Nagetier, das vor allem gern Käse frisst.
- Ein Kuscheltier, das als Talisman auf dem Monitor sitzt.
- Ein Kosename, der für Computer sehr beliebt ist.
- Ein Computerteil, mit dem man verschiedene Stellen anklicken kann.

3 Was ist die „Software"?

- Ein Weichspüler
- Eine Süßigkeit
- Ein Computerprogramm
- Ein besonders weiches Kissen

1. Personal Computer 2. Ein Computerteil ... 3. Ein Computerprogramm

Wer muss sich mit Computern auskennen?

Einfach alle Menschen! Manche sind nur Anwender, das sind die, die die Computer benutzen. Und das muss auf jeden Fall jeder können, denn in der Welt läuft gar nichts ohne Computer: In Ingenieurbüros werden sie benutzt, die Polizei arbeitet mit Fahndungscomputern, in Autos, Telefonen, Taschenrechnern, Herzschrittmachern, einfach überall sind Computerchips eingesetzt. Es ist also vernünftig, wenn man sich mit Computern beschäftigt und den Umgang mit ihnen lernt.

INTERNET

Was ist das Internet?

Der Begriff „Internet“ ist ein englisches Wort und bedeutet wortwörtlich übersetzt integriertes Netzwerk. Es ist mit einem (Spinnen-)Netz vergleichbar. Die einzelnen Fäden bestehen aus Telefonkabeln und Funkverbindungen. Die jeweiligen Knotenpunkte werden durch riesige Computeranlagen gebildet, die wiederum mit vielen kleinen Computern verbunden sind. An dieses Netzwerk sind rund um die Welt viele Millionen Computer angeschlossen.

Wie funktioniert das Internet?

Wie das Internet funktioniert, lässt sich anhand einer Stadt gut erklären: Am Stadtrand stehen die Computer, solche, wie ihr sie vielleicht auch bei euch zu Hause habt. Solch ein Computer lässt sich mit einem Einfamilienhaus vergleichen, jeder hat eine eigene Adresse. Nun gibt es natürlich nicht nur ein solches Haus, sondern rund um die Welt viele Millionen davon. Es gibt aber nicht nur kleine Häuser, sondern auch ganz große. Diese nennt man – in Computersprache übersetzt – Server (kommt aus dem Englischen to serve = dienen). Server erledigen im Internet alle möglichen Aufgaben. Es gibt spezielle E-Mail-Server, die mit Postämtern vergleichbar sind. Andere sind eher wie Kaufhäuser oder Bibliotheken. Sie bieten Texte, Bilder und Filme zu bestimmten Themen an, die jeder Besucher anschauen und abspeichern kann.

Nun stellt sich natürlich die Frage, wie kommen Bilder, Texte und Filme von einem Computer zum anderen? In der Computersprache spricht man da von der „Datenautobahn“. Diese besteht allerdings nicht aus richtigen Straßen, sondern aus einem weit verzweigten Netz aus Telefon- und Glasfaserkabeln. An dieses Netz ist jeder Computer angeschlossen.

Wie findet man sich im Internet zurecht?

Eigentlich kann man im Internet alles finden, was man sucht. Wann wurde Michael Schuhmacher geboren? Wer hat die Barbie-Puppe erfunden? Wo steht die

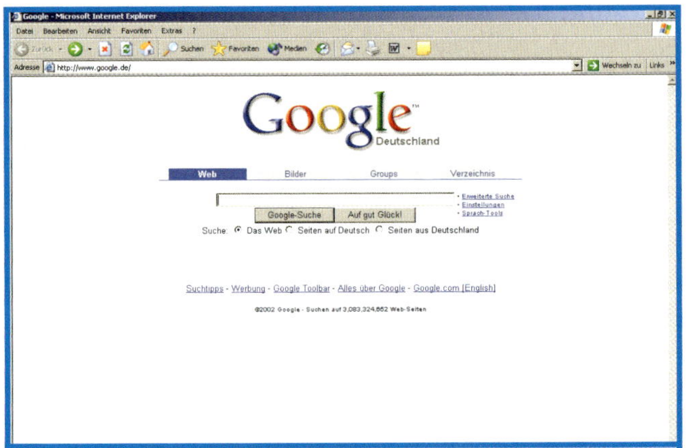

Wer im Internet Informationen über ein bestimmtes Thema sucht, wählt am besten eine der vielen Suchmaschinen.

größte Achterbahn der Welt? Das Problem ist nur: Wie finde ich, was ich suche? Bei den unzählig vielen Seiten, die es im Internet gibt, scheint es fast unmöglich. Man kann natürlich auf gut Glück durch das Internet stöbern, so wie man in einer Bücherei durch die Regale schaut, bis man das richtige Buch gefunden hat. Manchmal entdeckt man dabei Bücher, die einen überhaupt nicht interessieren, manchmal aber auch Bücher, von denen man nie gewusst hat, dass es sie gibt. Schneller und besser ist es jedoch, wenn man sich helfen lässt. Diese Hilfsfunktion übernehmen im Internet sogenannte „Suchmaschinen“. Im Prinzip funktionieren alle gleich: Man gibt in das vorgesehene Feld einen oder mehrere Suchbegriffe ein und der Anbieter durchforstet das Internet nach passenden Seiten. Aus den angebotenen Internetseiten wählt man dann eine oder mehrere aus.

Für Kinder gibt es spezielle Suchmaschinen, die nur „kinderfreundliche“ Seiten anbieten. Dort werden dann Informationen angeboten, die Kinder interessieren und auch verstehen können.

Was ist eine E-Mail?

E-Mails sind elektronische Briefe. Statt den Brief auf Papier zu schreiben, ihn in einen Briefumschlag zu stecken, eine Briefmarke draufzukleben und zur Post zu bringen, kann man auch einfach eine E-Mail schrei-

Daten blitzschnell und weltweit in guter Qualität zu übertragen, gelingt heute nur mit Hilfe der Satellitentechnik. Die Daten werden zunächst in kleine „Pakete" zerlegt. Diese Datenpakete werden vom häuslichen Telefonanschluss zum Satelliten geschickt und von dort aus wiederum zurück zur Erde zum Empfänger. Auf diesem Weg gibt es natürlich eine Menge Technik.

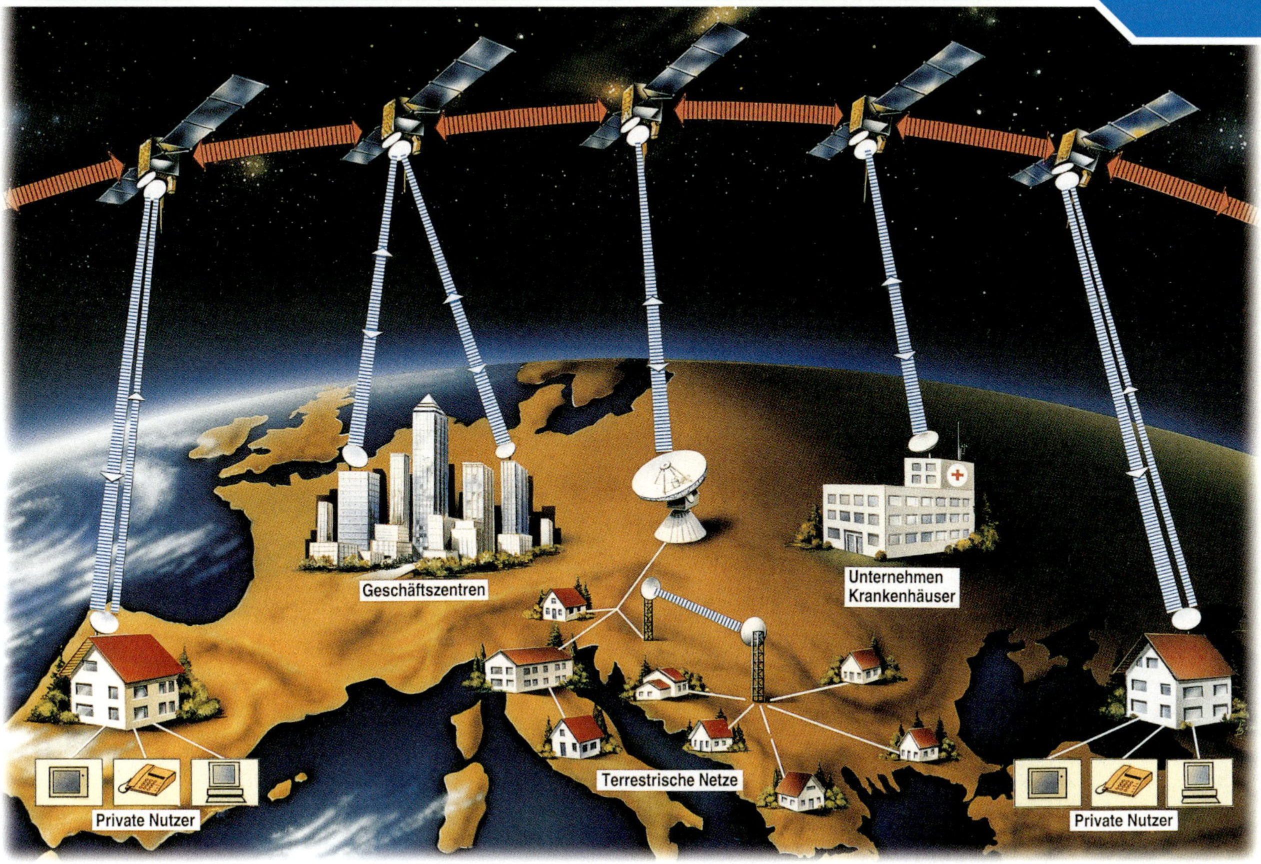

ben. Eine E-Mail wird am Computer geschrieben und über das Internet an ein Postfach geschickt. Schon nach wenigen Sekunden ist der Brief so beim Empfänger und der kann sofort antworten.

Kann man sich auch über das Internet unterhalten?

Die Plauderecken im Internet nennt man „Chatrooms". Auch für Kinder gibt es solche „Quasselecken". Dort treffen sich Kinder mit gleichen Interessen, die dann miteinander „reden". Natürlich spricht man nicht wirklich, sondern muss in den Computer schreiben, was man dem anderen sagen will. Diese Zeilen erscheinen dann auf dem Monitor des Gesprächspartners – und der kann darauf antworten. Um bei solchen Computer-Gesprächen auch Stimmungen und Launen zu vermitteln, benutzt man sogenannte „Smileys".

Moorhuhn schießen: Das beliebte Computerspiel zum Runterladen aus dem Internet kennt heute jeder.

INFO!

Smiley-Wörterbuch

:-)	„ich lächle"
;-)	„ich meine es nicht ernst" (augenzwinkernd)
:-))	„ich bin sehr froh" (doppeltes Grinsen)
:'-))	„ich bin so froh, dass ich heulen könnte"
:-D	„ich könnte mich totlachen"
:- (	„ich bin echt sauer"
:-*	„ich möchte mich entschuldigen"
8-)	„ich trage eine Brille"
*<!:o)>	„ich bin der Weihnachtsmann"
P-)	„ich bin ein Pirat"
*-O	„ich bin ein Clown"

ELEKTRONISCHE SPIELE

Davon träumen viele Kinder: Eine Playstation ist ideal, um aufregende, elektronische Spiele am Fernseher zu spielen.

Was unterscheidet normale Spiele von elektronischen Spielen?

Das kleine Wörtchen „Elektronik“ macht einen großen Unterschied. Während man beim Spielen in eine Welt der eigenen Fantasie abtaucht, wird die Spielwelt beim elektronischen Spiel bereits fertig geliefert. Man kann nicht spielen, was man will, sondern muss sich an die vorgegebenen Aufgabenstellungen halten. Für eigene Ideen ist da kein Platz.

Was ist ein Gameboy?

Das weiß nun wirklich jedes Kind: Als Gameboy bezeichnet man einen handlichen Mini-Computer, auf dem man allerlei elektronische Spiele spielen kann. Inzwischen gibt es unterschiedliche Ausgaben und viele dazu passende Spielprogramme. Die meisten sind Geschicklichkeitsspiele. Sie stehen unter einem bestimmten Motto und man muss mit den Spielfiguren unterschiedliche Aufgaben lösen, um ein höheres Level (= Spielniveau) zu erreichen. Gameboy-Spiele sind teils mit Ton unterlegt.

Jedes Pokémon hat verschiedene Stärken. Um einen Kampf zu gewinnen, muss man sie strategisch einsetzen.

Was bieten elektronische Spiele?

Elektronische Spiele sind Spiele, die man allein oder mit mehreren am Computer oder Fernsehgerät spielen kann. Dabei werden Figuren und Gegenstände mithilfe der Tastatur, der Maus oder eines Joysticks bewegt. Es gibt verschiedene Arten von Spielen, zum Beispiel Brett- und Kartenspiele, Abenteuerspiele oder Geschicklichkeitsspiele. Sie können aus einfachen Grafiken und Wortbeiträgen, aus bewegten Bildern oder auch aus richtigen Filmszenen bestehen. Bei einem wirklich guten Spiel hat man das Gefühl, „mittendrin“ zu sein.

Warum halten Erwachsene Videospiele für gefährlich?

Die Anziehungskraft von Nintendo und Co. ist so groß, dass Kinder regelrecht süchtig werden. Wenn man zu Hause bei schönem Wetter lieber FIFA Soccer spielt, anstatt zum Fußballtraining zu

Die Pokémon-Spiele sind besonders beliebte Spiele für den Gameboy. Es gibt sogar mehrere Editionen mit unterschiedlichen Pokémons, die gegeneinander antreten können.

gehen, läuten bei Eltern die Alarmglocken. Experten haben mal behauptet, dass Kinder, die zu viel am Computer spielen, vereinsamen. Inzwischen wurde das Gegenteil bewiesen, weil Kinder oft gemeinsam mit Freunden oder Geschwistern solche Spiele spielen.

Ganz ungefährlich ist das Computerspielen jedoch nicht. Kopf- und Augenschmerzen, ja sogar Migräneanfälle können durch das Starren auf den Bildschirm ausgelöst werden.

Sind Videospiele zu brutal?

Leider sind das viele Spiele. In den meisten wird geballert und geprügelt. Allerdings ist nicht jeder, der solche Spiele gern spielt, ebenso brutal und verdorben wie die Helden auf dem Monitor. Dass manche Kinder auch in der wirklichen Welt zuschlagen, hat sicher noch andere Gründe.

Allerdings empfehlen Experten elektronische Spiele nie direkt vor dem Zubettgehen zu spielen. Das fördert Einschlafprobleme und Alpträume.

Kann man durch Lernspiele wirklich lernen?

Es gibt gute und weniger gute Lernsoftware. Die Frage lässt sich deshalb nicht so leicht beantworten. Sicherlich bringt es mehr Spaß, wenn man das Angenehme (Spielen am PC) mit dem Nützlichen (Lernen von Lehrstoff) verbinden kann. Aber oft sind Lernspiele nicht besonders fantasievoll und so bleibt auch der Spaß auf der Strecke. Andererseits kann eine wirklich gute Lernsoftware den echten Durchblick bringen.

Bei Simulations-Spielen hat man oft die Aufgabe, ganze Städte zu bauen, Kriege zu führen oder ganz einfach Schätze zu finden.

Weißt du's?

1 Was bedeutet „Gameboy" wortwörtlich übersetzt?

- Computerspiel
- Taschencomputer
- Spieljunge
- Jungencomputer

2 Welche gesundheitlichen Risiken bringen elektronische Spiele mit sich?

- Daumenschmerzen
- Bauchschmerzen
- Kopfschmerzen
- Fußschmerzen

3 Welches „Tier" hilft beim Spielen?

- Katze
- Maus
- Ratte
- Kuh

1. Spieljunge 2. Kopfschmerzen 3. Maus

Oft kommen parallel zu tollen Kinofilmen auch Videospiele auf den Markt. Darin spielt man meist mit der Hauptfigur die Handlung des Films nach.

Die Controller zur Steuerung der Spielfiguren haben viele Funktionstasten. Alle richtig zu bedienen, ist ganz schön knifflig.

FERNSEHEN UND KINO

Mit diesem Plakat warben 1895 die ersten Kinos in Paris um Zuschauer.

Seit wann gibt es Fernsehen und Kino?

1895 fand in Paris die erste Filmvorführung statt. Es gab allerdings keinen Spielfilm zu sehen, sondern Alltagsszenen und Sportaufnahmen. Die ersten Unterhaltungsfilme kamen wenig später, hatten jedoch noch keinen Ton. Der erste Tonfilm erschien 1928, er war allerdings noch schwarz-weiß. Erst 1935 wurde der erste Farbfilm im Kino gezeigt.

Das erste deutsche Fernsehprogramm startete zu Weihnachten 1952. Gezeigt wurden Nachrichten, Familienserien und auch schon Quizsendungen. 1963 kam ein zweiter Sender hinzu, das ZDF, und damit wurde das Programm etwas vielfältiger. Farbfernsehen setzte sich erst ab 1967 durch.

Wie wird ein Kinofilm gemacht?

Hunderte von Menschen sind an der Produktion eines Films beteiligt. Wen man sieht, das sind nur die Schauspieler, die eine Geschichte nachspielen, die sich ein Autor ausgedacht hat. Der Regisseur ist der Chef. Er sagt, wie die Schauspieler zu spielen haben und welche Aufnahmen der Kameramann machen soll.

In einem Studio gibt es Kulissenbauer, Maler und Ausstatter, die für das richtige Drumherum sorgen. Die Schauspieler werden von Maskenbildnern geschminkt und von Kostümbildnern mit entsprechender Kleidung versorgt. Darüber hinaus gibt es viele kleine Jobs, ohne die ein solcher Dreh nicht funktionieren würde. Ist der Film abgedreht, muss er von einem Cutter (von cut = schneiden) bearbeitet werden. Er fügt, gemeinsam mit dem Regisseur, die besten Filmteile in der passenden Reihenfolge aneinander.

Kinokarten

Wie wird Fernsehen gemacht?

Im Prinzip läuft es genauso wie beim Film. Doch im Fernsehen gibt es nicht nur Spielfilme, sondern auch Berichte aus dem echten Leben. Die nennt man Reportagen. So entstehen Geschichten über Tiere und Menschen, über fremde Länder oder wichtige politische Ereignisse.

An der Produktion eines Berichts sind nicht so viele Menschen beteiligt. Zumeist sind nur ein Kamera-

Der Disney-Film „Das Dschungelbuch“ wurde einer der erfolgreichsten Kinderfilme der Welt.

Im Fernsehstudio wird Fernsehen gemacht. Was auf dem Bildschirm klein aussieht, ist in Wirklichkeit ziemlich groß.

Jim Henson mit seinen berühmten Puppen aus der „Muppet-Show", Miss Piggy, Kermit, Gonzo und vielen anderen.

mann, ein Tonmann und ein Journalist gemeinsam unterwegs, um Aufnahmen zu machen. Der Journalist übernimmt dabei die Aufgabe des Regisseurs. Geschnitten werden Fernsehberichte genauso wie große Kinofilme. Zumeist gibt es dann noch einen Sprecher, der die Texte zu den Bildern spricht.

Was ist an Kinderfernsehen anders?

Von der technischen Seite ändert sich nichts, doch man versucht natürlich beim Kinderprogramm über Dinge zu berichten, die Kinder interessieren. In Deutschland gibt es speziell für Kinder den KIKA. Dort gibt es Serien, Trickfilme und Unterhaltungsprogramme nur für Kinder und ohne Werbung. Man achtet darauf, dass die Filme, die hier gezeigt werden, nicht brutal oder grausam sind. Auf anderen Kanälen werden zu bestimmten Tageszeiten ebenfalls kindgerechte Filme gezeigt. Im Kino erkennt man kindgerechte Filme an der vorgegebenen Altersgrenze. Ist man zu jung für einen Streifen, kann man davon ausgehen, dass er brutal und grausam ist.

Macht Fernsehen Angst?

Manchmal wirken die Bilder im Fernsehen so echt, dass man wirklich Angst kriegen kann. Vor allem kleinen Kindern fällt es schwer, zwischen Film und Wirklichkeit zu unterscheiden. Manchmal hat man auch das Gefühl, in einem Film mittendrin zu sein – und das kann schon Angst machen.

Eltern und Experten behaupten oftmals, zu viel Fernsehen mache aggressiv (also wütend). Ob das stimmt, weiß man nicht. Aber es ist auf alle Fälle klar, dass bei zu vielen Gewaltszenen im Fernsehen (oder auf Video) manche Menschen glauben, Mord und Gewalt wären normal. Experten empfehlen, dass Grundschulkinder nicht mehr als zwei Stunden täglich vor dem Fernseher sitzen sollten.

INFO!

Wie kommt das Bild ins Fernsehen?

Wenn du deine Lieblingssendung anschauen willst, schaltest du den Fernseher an. Auf dem Bildschirm erscheinen etwa 500 000 Leuchtpunkte. Sie werden 25-mal pro Sekunde erneuert. Dadurch bekommst du den Eindruck der Bewegung. Die Leuchtpunkte und auch der Ton entstehen durch elektrische Signale. Die erhält der Fernseher durch ein Kabel von der Antenne: Fernsehkameras haben Bilder und Sprache aufgenommen und in elektrische Signale umgewandelt. Die werden dann von einer Sendeantenne durch die Luft geschickt und eine Antenne fängt sie wieder auf.

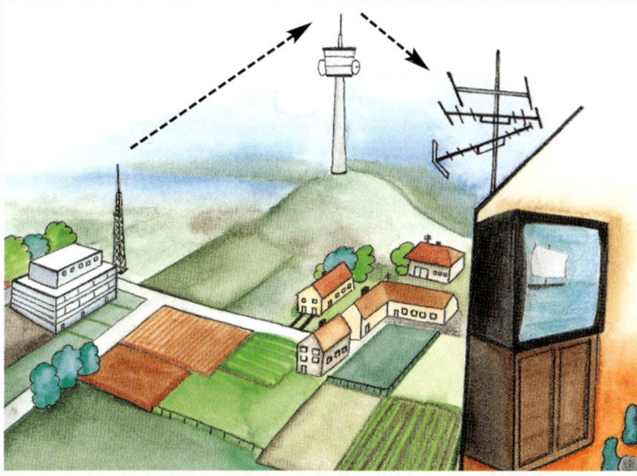

Die Signale sind immer in der Luft. Auch wenn du den Fernseher ausschaltest.

ENERGIE

Was ist Energie?

Für viele Dinge des täglichen Lebens brauchen wir Energie: Sie gibt uns Licht, Wärme und treibt Maschinen an. Wenn man von Energie spricht, meint man zumeist Elektrizität oder Strom. So segensreich diese Erfindung ist, ganz ungefährlich ist sie nicht. Deshalb ist es so wichtig, mehr über Energie und ihre Erzeugung zu wissen.

Wie wird Strom produziert?

Es gibt unterschiedliche Möglichkeiten elektrische Energie zu erzeugen.

Eine Möglichkeit ist Wasserkraft. Wasserkraftwerke nutzen die Kraft des fließenden Wassers, um Turbinen anzutreiben, in denen Strom erzeugt wird. Auch Windkraftwerke funktionieren nach einem ähnlichen Prinzip. Hierbei treiben riesige Windräder Generatoren an, die dann Strom herstellen. Häufig kommt der Strom auch aus Heizkraftwerken. Dort wird zur Stromerzeugung energiehaltiges Material (zum Beispiel Öl, Kohle oder Gas) verbrannt und dadurch Energie hergestellt. Ein großer natürlicher Energiespender ist die Sonne. Dort, wo sie intensiv und lange scheint, kann man ihre Kraft nutzen, um Strom zu erzeugen.

Die Photovoltaikanlage besteht aus unzähligen Solargeneratoren.

Oft kommt der Strom, den wir brauchen, auch aus Kernkraftwerken. Diese nutzen die Atomspaltung zur Energieerzeugung. Wie das gemacht wird, ist ziemlich kompliziert – und vor allem aber auch gefährlich, denn die Atomspaltung setzt gefährliche Strahlen frei, die für Mensch und Umwelt sehr schädlich sind. Man nennt das radioaktiv. Deshalb hat man um die Kernkraftwerke dicke Schutzmäntel aus Stahl und Beton gebaut.

Der Weg vom Kraftwerk zur Steckdose

Elektrizität wird also oft in großen Kraftwerken produziert. Viele Kraftwerke verwenden beispielsweise Kohle, Öl oder Gas als Brennstoff, um Wasser zu erwärmen. Der Dampf des kochenden Wassers treibt einen Generator an, der Strom erzeugt. Der Generator schickt den Strom durch dicke Kabel. Diese Kabel sind an hohen Strommasten befestigt und führen zu Städten und Dörfern.

Dort werden die Stromkabel unterirdisch verlegt und zu jedem Haus geführt. Dieses Hauptkabel verzweigt sich innerhalb eines Hauses zu jeder einzelnen Steckdose oder Lichtquelle.

Was ist ein Stromkreis?

Die Wege, die die Elektrizität in den Leitungen entlangfließt, nennt man Stromkreise. Die meisten Stromkreise sind aus Metall, weil dieses Material den Strom am besten aufnimmt und weiterleitet. Andere Materialien wie beispielsweise Gummi, Plastik oder Holz tun das nicht. Man verwendet sie deshalb, um metallene Stromleitungen zu umhüllen. Dieses Sicherungsverfahren nennt man Isolierung.

Was sind erneuerbare Energien?

Die Wärme der Sonne, die Kraft des Wassers oder Windes sind Naturgewalten, die immer da sind und die sich nie verbrauchen können. Erneuerbare Energien kommen täglich neu zu

Wo der Wind häufig und kräftig bläst, kann man seine Kraft einsetzen, um Strom zu erzeugen. Windräder helfen dabei.

uns, ob man sie nun zur Stromgewinnung nutzt oder nicht. Diese natürlichen Energiequellen zu nutzen, schont die Umwelt. Wer sein Haus beheizen will, muss kein kostbares Heizöl mehr verschwenden. Denn zum Heizen kann man beispielsweise Sonnensammler, das heißt Sonnenkollektoren, auf dem Dach verlegen. Die Sonne heizt das Wasser in den Röhren der Kollektoren so rasch auf, dass es bald herrlich warm wird. Durch Leitungsrohre gelangt das erwärmte Wasser dann in die Heizkörper im Haus.

Kernenergie – Fluch oder Segen?

Dem Physiker O. Hahn und seinen Mitarbeitern gelang es 1938 erstmals, Atome zu spalten. Bei diesem Vorgang entsteht sehr viel Hitze und diese wird genutzt, um Strom zu erzeugen. Anfangs erschien dieses Verfahren einfach und genial. Doch mit der Zeit erkannte man auch die Risiken dieser Methode. Weil bei der Atomspaltung radioaktive Strahlung freigesetzt wird, müssen die Kernkraftwerke besonders gut geschützt sein. Aber diese Sicherheit gibt es nicht immer und überall. Ein trauriges Beispiel war das Kernkraftwerk 1986 Tschernobyl in der Ukraine. Als dieses Kernkraftwerk explodierte, wurden viele Menschen und weite Landstriche radioaktiv verseucht. Deshalb werden dort noch heute missgebildete Kinder geboren oder die Menschen sterben früh an Krebs.

Kernkraftwerke müssen Tag und Nacht arbeiten, um alle Menschen mit Strom zu versorgen.

INFO!

Was passiert bei einem Stromschlag?

Elektrische Leitungen im Haus sind geschützt. Man nennt das Isolierung. Auch Steckdosen sind so ausgerüstet, dass normalerweise nichts passieren kann. Trotzdem sollte man nie die Finger und/oder einen metallenen Gegenstand in die Steckdose stecken. Berührt man ungeschützte Leitungen, kann man einen Stromschlag bekommen und schlimmstenfalls daran sterben. Dabei fließt Elektrizität durch den Körper und bringt unter Umständen das Herz aus dem Rhythmus. Es ist, als ob es stolpert und stehen bleibt. Auch Verbrennungen sind möglich.

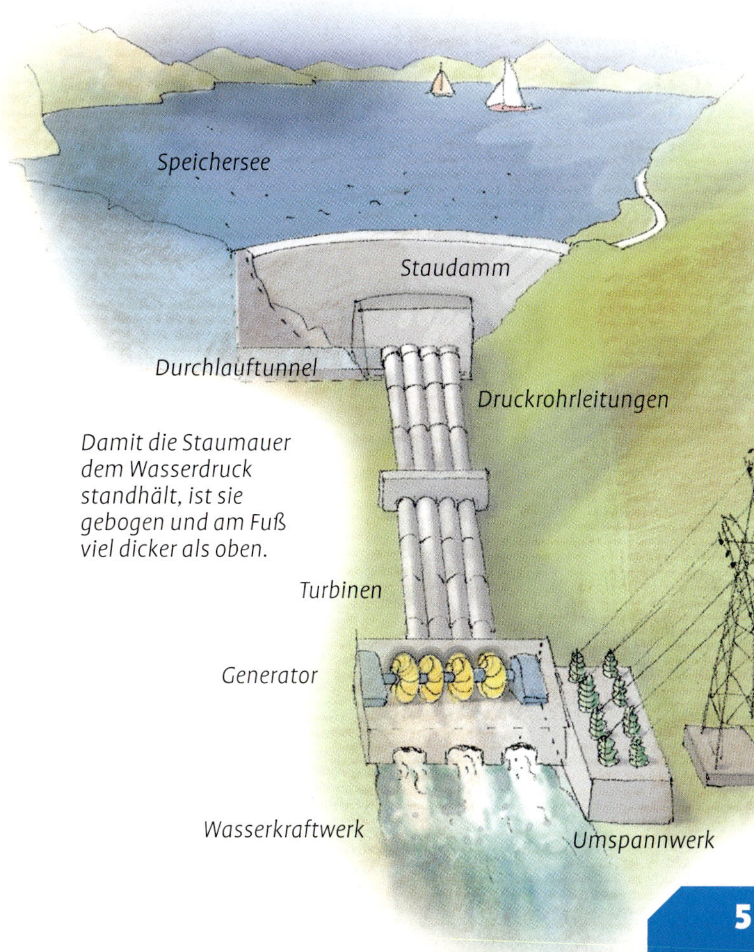

MÜLL

Die Müllabfuhr bringt den Abfall zur Verbrennungsanlage oder auf die Deponie.

Was ist Müll?

Dumme Frage, das weiß nun wirklich jedes Kind. Jeder weiß es, weil jeder Mensch jede Menge Müll oder Abfall produziert. Das Praktische am Müll: Wir stecken ihn in die Mülltonne – und schon ist er weg. Aus den Augen, aus dem Sinn! Doch was passiert mit all den Dingen, die wir nicht mehr brauchen? Würde man den ganzen Müll irgendwo sammeln, dann entstünden riesige Müllberge. Und das wäre wahrlich kein schöner Anblick.

Alles Müll – oder was?

Es ist nicht alles Müll, was in der Mülltonne landet. Da immer mehr Dinge weggeworfen statt geflickt oder repariert werden, fällt immer mehr Müll an. Damit Europa nicht im Müll versinkt, muss er getrennt werden. Dies sollte natürlich jeder für sich zu Hause schon tun. Und wie das geht, weiß hoffentlich jedes Kind. Flaschen und Gläser sind saubere Verpackungen und wenn sie nicht mehr gebraucht werden, so sortiert man sie nach Farben, schraubt den Metalldeckel ab und entsorgt sie in Glascontainern. Papier und Pappe sollten ebenso aus dem Hausmüll sortiert und in entsprechenden Papiercontainern oder Tonnen entsorgt werden. Dosen sind beispielsweise aus Metall. Auch dieses Material kann man gut von anderen trennen und erst dann entsorgen. Modern und praktisch sind Verpackungen, die aus unterschiedlichen Kunststoffen hergestellt sind. Solche Folien und Kunststoffverpackungen kann man getrennt entsorgen oder aber über den „Gelben Sack" zur Wiederverwertung abgeben.

Es ist also wahrlich nicht alles Müll, was in der Abfalltonne landet.

Was kommt noch in die sogenannte Restmülltonne? Wer sorgsam Müll trennt, bei dem bleibt sie (fast) leer.

Was wird aus den alten Sachen?

Aus Alt mach Neu – so lautet das Recycling-Motto: Alte Gläser und Flaschen werden eingeschmolzen und daraus neue Glasbehälter hergestellt. Das Gleiche geschieht mit Papier und Pappe: Das alte Material wird zerkleinert und durch ein Verfahren wiederum zu Papierprodukten verarbeitet. Das sieht zwar dann nicht unbedingt so blütenweiß und toll aus, aber für eine Rolle Toilettenpapier reicht es allemal. Auch Metalle können wiederverwertet werden.

Wer alte Dinge sachgerecht entsorgt, tut der Umwelt in zweierlei Hinsicht etwas Gutes. Zum einen verschwindet ein Teil des Mülls und verwandelt sich wiederum in nützliche Dinge; zum anderen spart man damit wertvolle Rohstoffe, denn steht kein Altmaterial zur Verfügung, müssen neue Stoffe verwendet werden. Ein Beispiel: Um blütenweißes Papier herzustellen, braucht man Holz. Um Holz zu gewinnen, müssen Bäume gefällt werden. Neues Papier kann aber auch aus altem Papier hergestellt werden – und dafür muss kein Baum sein Leben lassen.

Für die sinnvolle Restmüll-Verwertung wird immer neue Technik eingesetzt. So wird aus Abfall eine saubere Sache.

Der Restmüll landet in der Müllverbrennungsanlage auf einem Förderband; dort wird er von Hand noch einmal sortiert und dann verbrannt.

Einweg oder Mehrweg?

Seit noch nicht so langer Zeit muss man für fast jede Getränkedose oder Einwegflasche ein gesondertes Pfand bezahlen. Dieses Pfand ist viel höher als das, was man beispielsweise für eine Mehrwegflasche ohnehin bezahlen muss. Weil man das eine dadurch teurer gemacht hat – und das andere im Verhältnis günstiger ist, will man die Menschen „erziehen", mehr Mehrwegflaschen zu kaufen, also auch weniger Müll zu produzieren.

Wenn man mal ganz genau darüber nachdenkt, gibt es viele Möglichkeiten, auf überflüssige Verpackungen zu verzichten. Kauft man z. B. Obst lose und nicht fertig eingepackt, tut man schon der Umwelt einen Gefallen. Der Einkaufskorb anstatt der Plastiktüte ist ebenfalls ein Beitrag zum Umweltschutz und zur Müllvermeidung.

Viele Kunststoffverpackungen und -flaschen können heute sinnvoll recycelt werden. Daraus entstehen neue Produkte.

Weißt du's?

1 Welche Recycling-Methode kann man für Küchenabfälle selbst anwenden?
- Kommt in den gelben Sack
- Kommt in den Altpapiercontainer
- Kommt in den Komposter
- Kommt in den Altglascontainer

2 Was wird beispielsweise aus altem Papier gemacht?
- Toilettenpapier
- Fotopapier
- Papierflugzeuge
- Plastiktüten

3 Wohin kommt der Restmüll aus der Tonne?
- In den Wald
- In den Fluss
- In die Müllverbrennungsanlage
- In alte Bergwerke

1. Kommt in den Komposter 2. Toilettenpapier 3. In die Müllverbrennungsanlage

Was passiert mit dem Restmüll?

Das meiste, was noch in der Tonne landet, wird von den Müllwagen zur Müllverbrennungsanlage gebracht. Dort wird – wie der Name schon sagt – Müll verbrannt und durch die Hitze, die dabei entsteht, erzeugt man Strom oder betreibt Heizungsanlagen. Dann ist der restliche Müll wenigstens für irgendetwas gut.

Mit modernster Technik wird der Müll in riesigen Industrieanlagen nach Rohstoffen getrennt und wiederverwertet.

1 Kabellabyrinth

In welche Steckdose muss der Stecker, damit der Computer gestartet werden kann?

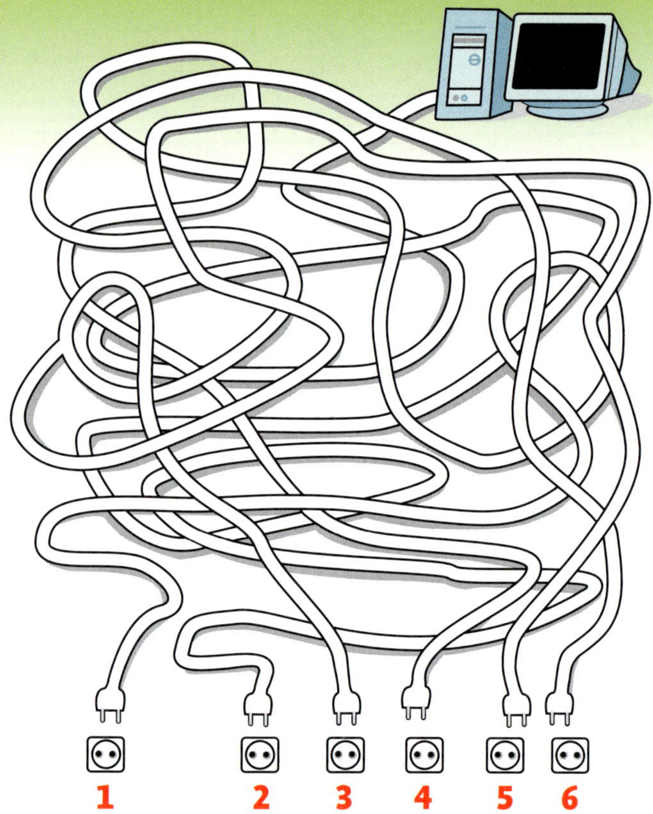

2 Einer muss raus!

Was gehört nicht in den Gelben Sack?

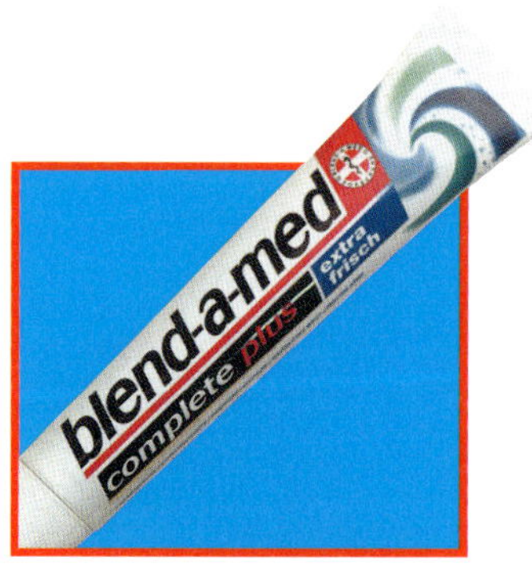

Was gehört nicht in den Kompost?

3 Kleine Automobil-Geschichte

Die Autos müssen in die richtige zeitliche Reihenfolge gebracht werden. Trage dazu die Ziffern an die richtige Stelle in der Tabelle ein.

1

2

3

4

1908	1926	1970	1985

4 Kreuzworträtsel

In diesem Kreuzworträtsel wird ein ganz berühmter Zeichentrick-Macher gesucht. Auch Freizeitparks tragen seinen Namen. Das Wort in der senkrechten Spalte ergibt das Lösungswort.

1. Diese junge Dame lebt mit sieben lustigen Bergarbeitern zusammen.
2. Diesem Bären liegt Musik im Blut und sein kleiner Menschenfreund am Herzen.
3. Die kleine Meerjungfrau kennt wirklich jeder.
4. Mit ihrem geizigen Onkel hat diese Ente nichts als Ärger.
5. Er soll einmal der König der Löwen werden.
6. Dieser junge Mann lebt im Dschungel und trifft dort Jane.
7. Diese Maus war die erste Zeichentrickfigur des berühmten Cartoonzeichners, der hier gesucht wird.

Das Lösungswort lautet: _ _ _ T _ I _ _ _ E _

Geschichte und Geschichten

Geschichte und Geschichten

DINOSAURIER

Triceratops

Die Entstehung der Riesenechsen

Zu Beginn des Erdmittelalters sah die Erde noch anders aus. Anstelle der fünf Kontinente gab es nur einen Einzigen. Die Wissenschaftler nennen ihn heute „Pangäa“. Dieses riesige Land war umgeben von einem noch viel größeren Meer. Auf dem Land wuchsen riesige Palmen und gigantische Farne. Es war sehr warm auf der Erde, damals, als die ersten Dinosaurier auftauchten. Damals, das war vor rund 230 Millionen Jahren. Die ersten Dinos waren Reptilien, die sich auf zwei Beinen bewegten, ziemlich klein und unglaublich flink waren. Es sollte noch einige Millionen Jahre dauern, bis sie sich zu den riesigen Giganten der Urzeit entwickelten, die wir heute mit dem Begriff „Dinosaurier“ verbinden.

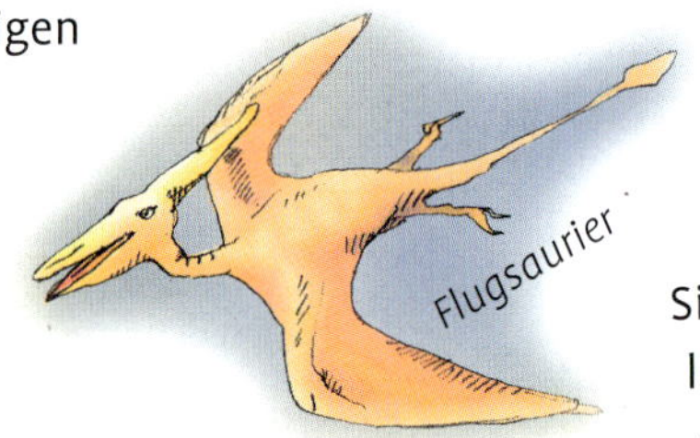

Was bedeutet eigentlich „Dinosaurier“?

Die ersten Dinosaurier-Knochen wurden 1822 von der Arztfrau Mary Ann Mantell in Südengland gefunden. Sie brachte ein Stück Schenkelknochen und einige riesige Zähne zu Sir Richard Owen an die Universität Oxford, der sie näher untersuchte. Er kam zu dem Ergebnis, dass das Tier, von dem diese Knochen und Zähne stammten, etwa die Größe eines halben Fußballfeldes gehabt haben musste. Deshalb nannte er es Dinosaurier, was im Griechischen so viel heißt wie „Schreckensechse“.

Dinosaurier gab es in unterschiedlichen Gestalten und Größen. Dieser hier ist ein pflanzenfressender Apatosaurier.

Waren „Dinosaurier“ wirklich so schrecklich?

Sicher wäre ein Mensch, hätte er jemals einem leibhaftigen Dinosaurier gegenübergestanden, vor Schreck tot umgefallen. Diese Tiere waren so gigantisch groß und furchterregend, wie man es sich kaum vorstellen kann. Es gab sie mit und ohne Panzer, mit Stacheln und Hörnern. Es gab Arten, die auf zwei Beinen liefen und solche, die auf allen Vieren unterwegs waren. Einige fraßen Fleisch, andere ernährten sich von Pflanzen – und einige wenige vertilgten alles, was sich ihnen in den Weg stellte. Ein Brachiosaurus wurde beispielsweise so groß wie ein Kirchturm und wog soviel wie 20 Elefanten. Der Kopf des Tyrannosaurus Rex war so groß wie ein Schaf und seine scharfen Zähne so lang wie ein Unterarm. Die anderen Lebewesen, die auf der Erde lebten, hatten nichts zu lachen. Ihnen blieb nur das Leben im Verborgenen, um sich vor den Riesenechsen zu schützen.

Warum sind Dinosaurier ausgestorben?

Wenn Wissenschaftler diese Frage beantworten könnten, wäre eines der ganz großen Rätsel der Erdgeschichte gelöst. Zunächst einmal ist klar, dass Dino-

Wie Wesen aus der Urzeit wirken die Komodowarane. Die Riesenechsen hielt man früher für Drachen.

Der Film „Jurassic Park“ von Regisseur Steven Spielberg war ein großer Kinoerfolg. Er ließ mit viel Technik Dinos fast lebensecht auferstehen.

saurier nicht von einem Tag auf den anderen von der Erde verschwanden. Ihr Aussterben dauerte einige Millionen Jahre. Damals veränderten sich die Lebensbedingungen auf der Erde, es wurde immer kälter und die Dinos brauchten ein warmes Klima zum Überleben. Auslöser für den Untergang ihrer Art dürfte aber ein Meteoriteneinschlag gewesen sein, der nicht nur das Klima radikal veränderte, sondern den Dinos auch die Nahrung wegnahm. Irgendwann gab es durch die veränderten Lebensbedingungen nur noch so wenige, dass sie keine Überlebenschance mehr hatten. An die Stelle der Riesenechsen traten die Säugetiere. Da die großen Beherrscher der Tierwelt verschwunden waren, konnten sie sich weiterentwickeln.

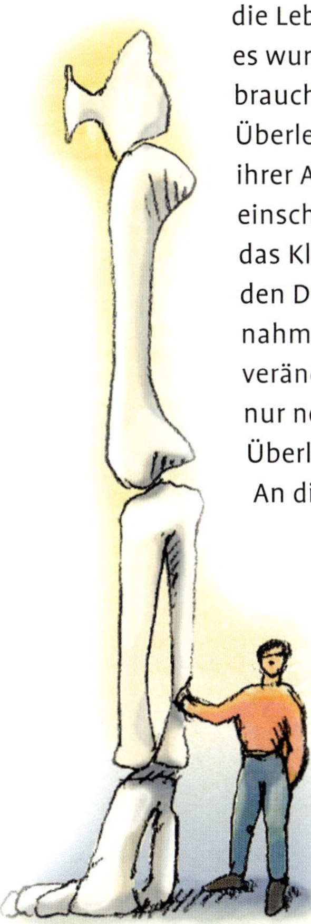

Ein Mann neben einem aufgestellten Vorderbein eines Sauropoden

Weißt du’s?

1 Was bedeutet der Begriff „Dinosaurier“?

- Schreckensechse
- Große Kröte
- Gigantisches Ungeheuer
- Riesenechse

2 Wer war der erste Dinosaurier-Forscher?

- Sir Francis Drake
- Sir Michael Dune
- Sir Richard Owen
- Sir Owen Richards

3 Wie groß war der Kopf eines Tyrannosaurus Rex?

- So groß wie eine Katze
- So groß wie ein Hund
- So groß wie eine Kuh
- So groß wie ein Schaf

1. Schreckensechse 2. Sir Richard Owen 3. So groß wie ein Schaf

STEINZEIT

Seit wann gibt es Menschen?

Vor etwa 2 Millionen Jahren begann die Menschheitsgeschichte. Damals hatten die Menschen gelernt, einfache Werkzeuge aus Stein herzustellen. Holz und Knochen benutzten sie bereits als Werkzeuge, aber noch nicht Steine. Sie suchten sich sehr harte Steine. Durch geschicktes Schlagen splitterten sie scharfe Steinteile ab und stellten daraus Werkzeuge her, mit denen sie schneiden konnten, z. B. Faustkeile, Schaber und Sichel. Aus Stein wurden auch die ersten Waffen gefertigt. Das alles machte das Leben leichter. Weil das ein so großer Fortschritt war, nennt man die Zeit, in der diese Menschen lebten, auch die Steinzeit.

Steinzeitmenschen waren Jäger und Sammler

Zu Beginn der Steinzeit waren die Menschen Jäger und Sammler. Sie lebten in Höhlen, die ihnen Schutz vor Kälte und Regen boten. Ihr Tag war von der Nahrungssuche bestimmt. Weil es keine Kühlschränke gab, musste man jeden Tag aufs Neue etwas Essbares beschaffen. Man sammelte also Früchte, Beeren, Samen und Kräuter. Die Aufgabe der Männer war es, Tiere zu jagen, um Fleisch zu haben. In unseren Landen gab es damals Mammuts, Wollnashörner, Bisons, Auerochsen und kleine Pferde. Es war gar nicht so leicht, Tiere mit den einfachen Waffen zu erlegen. Die Jäger mussten mutig und schnell sein.

Im Laufe der Altsteinzeit wurden die Menschen sesshaft und bauten erste Behausungen aus Holz und aufgeschichteten Knochen. Die Dächer waren aus Fellen gefertigt.

Wie lange dauerte die Steinzeit?

Die Steinzeit wird in drei große Zeitabschnitte unterteilt: Die Altsteinzeit begann etwa vor 2 Millionen Jahren und endete vor 12 000 Jahren. Die Mittelsteinzeit rechnet man von ungefähr 10 000 bis 4500 vor Christus. Und die Jungsteinzeit begann ungefähr 4500 vor Christus und endete etwa 2000 Jahre vor seiner Geburt.

Perfekte Steinzeittechnik: Schaber, Spitzen und Schneiden aus Feuerstein

Einfache Gebrauchsgegenstände wie Schuhe und Taschen stellte man schon 3400 Jahre vor Christus her.

Gräber wurden durch bestimmte Steinmale gekennzeichnet. Dieses hier steht in Irland und ist über 6000 Jahre alt.

Ein echter Fortschritt – Bauern und Viehzüchter

Als die Steinzeitmenschen begannen, die feuchten Höhlenwohnungen gegen selbst gebaute Hütten zu tauschen, veränderte sich ihr Leben. Sie hatten gelernt, Getreide anzubauen und Tiere zu züchten. Sie mussten sich also nicht mehr ausschließlich von dem ernähren, was sie tagtäglich erjagten. Das Leben wurde dadurch geordneter, bekam aber auch neue Pflichten. In der Jungsteinzeit wurden erste Dörfer gebaut. Man begann, Gefäße aus Ton herzustellen und fertigte Kleidungsstücke aus Leinen. Einige Funde aus dieser Zeit beweisen, dass es schon religiöse Feierstätten gab und dass Tote sorgfältig bestattet wurden.

Woher weiß man, wie die Menschen damals gelebt haben?

Wissenschaftler beschäftigen sich seit Jahren damit, genau herauszufinden, wie Steinzeitmenschen gelebt haben. Wichtige Informationen fanden sie in Höhlen, deren Wände mit Zeichnungen verziert waren. Schon damals gab es unter den Menschen solche, die Bilder mit Jagd- und Tiermotiven mit Naturfarben an die Höhlenwände malten. Diese sind zum Teil gut erhalten und gaben den Forschern viele Informationen. Zum Beispiel darüber, welche Tiere es damals gab und welche Werkzeuge oder Waffen verwendet wurden. Einige dieser Höhlen kann man heute in Frankreich und Spanien besichtigen. Außerdem geben Ausgrabungen, bei denen menschliche Knochen und Werkzeuge gefunden wurden, Informationen über die Lebensumstände.

Wo gab es überall Steinzeitmenschen?

Die Wiege der Menschheit steht in Afrika. Von dort verbreiteten sich die Vorfahren der Menschen vor rund 100 000 Jahren durch Wanderungen über die ganze Welt aus. Weil Teile der Kontinente damals noch miteinander verbunden waren, konnte man überall hingelangen. Auf ihrem Weg Richtung Europa verdrängten sie den Neandertaler, der vor 30 000 Jahren ausstarb. Die Steinzeit ging zu Ende, als vor etwa 6000 Jahren in Ägypten und Asien und vor 4000 Jahren in Europa die Menschen lernten, Metalle wie Bronze und Eisen zu bearbeiten. So wurde die Steinzeit dann von der Bronzezeit und später von der Eisenzeit abgelöst.

INFO!

Höhlenmenschen

Als die ersten Menschen aus wärmeren Gegenden der Erde nach Norden zogen, mussten sie sich vor Kälte schützen. Sie nutzten natürliche Höhlen oder gruben sich Höhlen in festen Lehmboden. In China fand man tiefe Kalksteinhöhlen, in denen zwischen 460 000 und 230 000 Jahre vor Christus ständig Menschen lebten. Sie hatten Feuer in ihren Höhlen, an dem sie sich wärmten und ihre Nahrung kochten. In China, Nordafrika, Spanien und der Türkei findet man heute noch Höhlenwohnungen in Lehmschichten. Sie sind zum Teil auch noch bewohnt.

Ägypter

Wann lebten die alten Ägypter?

Um das Jahr 3000 vor Christus entstand der ägyptische Einheitsstaat, der von Königen, den Pharaonen, regiert wurde. In relativ kurzer Zeit entstand in diesem Land am Nil eine sagenhafte Kultur.

Wo lebten die Ägypter?

Das Land bestand (und besteht) hauptsächlich aus Wüste, deshalb ließen sich die Menschen an den Ufern des Nils nieder. Hier waren die Böden durch regelmäßige Überschwemmungen fruchtbar und man entwickelte ein Bewässerungssystem, das sogar mehrere Ernten im Jahr ermöglichte. Außerdem gab es im Nil reichlich Fische, beispielsweise Karpfen, Schleien und Aale. Der Fischfang war aber nicht ungefährlich, weil auch Flusspferde und Krokodile hier lebten.

Wer beherrschte das Land?

Der Pharao war der mächtigste Mann im Staat. Die Ägypter glaubten, er sei der Sohn der Sonne und habe übernatürliche Kräfte. In vielen Tempeln wurden die Herrscher übergroß dargestellt. Er trug eine Perücke und darüber eine Haube: das Nemes-Kopftuch; am Kinn war ein künstlicher Bart befestigt und die Stirn wurde mit einer goldenen Schlange verziert, die den König schützen sollte. Im Laufe der Jahrtausende herrschten viele verschiedene Pharaonen. Zu den bekanntesten gehörten Ramses II. oder Tutanchamun, der bereits mit neun Jahren an die Macht kam. Es gab auch Frauen, die das Land regierten. Die letzte große Pharaonin war Kleopatra. Ihr Geliebter war kein geringerer als Julius Cäsar, der Herrscher von Rom. Ihretwegen wurde er von Angehörigen des römischen Senates getötet, weil man fürchtete, die beiden würden durch eine Heirat die zwei mächtigen Reiche verbinden.

Die ägyptische Königin Nofretete, deren Name „die Schöne ist gekommen" bedeutet, mit ihrem Ehemann Prinz Rahotep.

Wie lebten die Ägypter zu Pharaonenzeiten?

Das Leben der meisten Ägypter war sehr mühselig. Sie lebten von dem, was sie landwirtschaftlich anbauten, und wohnten in einstöckigen Häusern mit großen Terrassen und Gärten. Die Männer kleideten sich mit einem Schurz, die Frauen waren in lange Leinenkleider gehüllt. Beide trugen Perücken und schminkten sich gerne. Besondere Freude machte den wohlhabenden Ägyptern das Feiern und Speisen. Sie hatten oft Gäste, denen sie Fisch, Zwiebeln und Brot anboten, aber auch gebratene Gänse, gekochtes Rindfleisch und frisches Gemüse kam auf den Tisch. Die Ägypter tranken dazu Bier aus großen Kelchen. Die ägyptischen Kinder trugen keine Kleidung, dafür hatten sie aber jede Menge Spielzeug. Spiel und Sport waren damals sehr beliebt.

Wie schrieben die Ägypter?

Die Ägypter schrieben mit Tinte auf Papyrus, ihre Schrift waren die Hieroglyphen. Für jeden Buchstaben stand eine kleine Zeichnung, die Gegenstände, Pflanzen oder Tiere darstellte. Solche Schriftzeichen waren auch in die Tempelmauern eingeritzt. Als man die Tempel und Gräber später entdeckte, rätselte man lange, was die Zeichen zu bedeuten hätten. Erst im 19. Jahrhundert gelang es dem französischen Ägyptologen J. F. Champollion, diese Schrift zu entziffern.

Welche Götter verehrten die Ägypter?

Die Götter wachten über das Leben der Ägypter. Ihnen wurden riesige Tempel gebaut. Diese durften nur Priester betreten. Die Götter trugen bestimmte Kopfbedeckungen oder hatten Tierköpfe. Wie beispielsweise Anubis, der schakalköpfige Totengott oder der oberste Gott Re, der Sonnengott in Falkengestalt, wie auch Horus, der Sohn der Osiris. Die Pharaonen sahen sich als dessen Verkörperung.

Die berühmte Sphinx steht in Gizeh gleich neben den weltbekannten Pyramiden. Es ist eine Löwenfigur mit Menschenkopf.

Was hat es mit den Pyramiden auf sich?

Die Pyramiden sind riesige Grabmale. In jeder sind mehrere Geheimgänge angelegt – aber nur einer führt zur Grabkammer des Pharaos. Dort lag der tote Herrscher, als Mumie haltbar gemacht, im Sarg. Um die Grabkammern herum befanden sich Räume mit Möbeln, Vasen und Schmuck. Einfach alles, was der Tote in seinem Leben nach dem Tod vielleicht brauchen konnte. Der Bau einer Pyramide dauerte bis zu 30 Jahre. Sie wurde – meist mit Sklavenarbeit – aus riesigen Felsblöcken zusammengesetzt.

INFO!

So machten die Ägypter Mumien

Die Ägypter öffneten den Körper der Toten und nahmen die inneren Organe heraus. Diese reinigten sie mit Wein und Gewürzen und spülten die Bauchhöhle mit Zedernöl aus. Den gereinigten Körper und die Organe legten sie für längere Zeit in eine Salzlauge, damit dem Körper das Wasser entzogen wurde. Danach stopften sie den Körper mit Harz und Leinenkissen oder Sägespänen aus. Die Eingeweide legten sie neben den Körper in eine Tonvase. Dann rieben sie den Körper mit Salben aus Zedernholz ein und umwickelten ihn mit harzbestrichenen Leinenbinden. Zum Schluss setzten sie dem Kopf eine bemalte Maske auf. Das alles dauerte 70 Tage. Dann war die Mumie fertig.

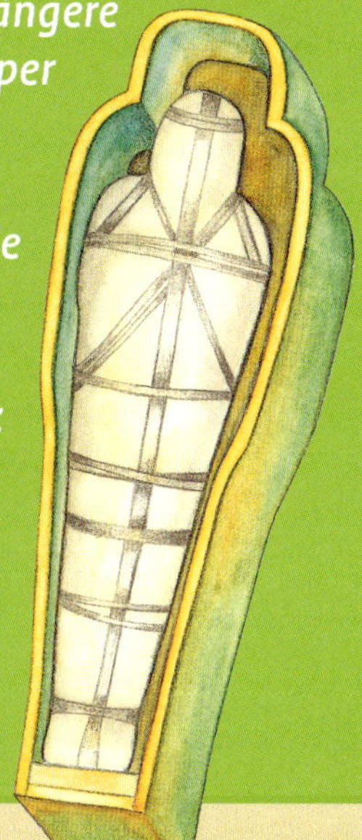

GRIECHEN

Wann lebten die alten Griechen?

Vor etwa 2500 Jahren entstand in Griechenland eine hoch entwickelte Gesellschaft, von deren Erkenntnissen wir teils heute noch profitieren. Unser lateinisches Alphabet beispielsweise geht auf das der alten Griechen zurück. In dem Wort verbergen sich die beiden ersten Buchstaben des griechischen Alphabets „alpha" und „beta". Wissen, das wir heute für selbstverständlich halten (beispielsweise „Warum geht die Sonne morgens auf und abends unter?"), wurde erstmals von griechischen Gelehrten erklärt. Auch die Staatsform Demokratie („Volksherrschaft"), nach der unser Land regiert wird, wurde zuerst in den griechischen Stadtstaaten entwickelt und ausgeübt. Für Aristoteles zählte sie zu den guten Staatsformen. Bis zu unserer heutigen modernen Demokratie verging jedoch noch viel Zeit.

Die besten Krieger kamen aus dem griechischen Ort Sparta. Dieser hier wurde in Bronze als Statue verewigt.

Wie groß war Griechenland?

Das Mutterland umfasste in etwa das heutige Griechenland. Aber schon früh begannen die Griechen, um das Mittelmeer Kolonien zu errichten. Sie schickten Siedler in Richtung Osten, wo sie sich rund um das Schwarze Meer niederließen. Auch im heutigen Italien und Frankreich hatten die Griechen schon 800 vor Christus Kolonien. Wenn man das bedenkt, kann man sich vorstellen, wie groß der Einfluss Griechenlands schon damals war.

Welche Berufe gab es bei den alten Griechen?

Die meisten Griechen waren Bauern, die versuchten, den kargen Boden zu bestellen. Es gab aber auch viele Händler im Land und die machten ihre Geschäfte im gesamten Mittelmeerraum. Mit Schiffen fuhren sie zur See, was zu dieser Zeit ziemlich gefährlich war. Aber die Griechen waren auch ein kriegerisches Volk. Man brauchte deshalb viele Soldaten. In Athen beispielsweise mussten sich alle Männer zwischen 18 und 20 Jahren zu Soldaten ausbilden lassen.

In Griechenland gab es aber auch viele kluge Köpfe, die die Natur und ihre Gesetze erforschten. Pythagoras war Grieche (den kennt ihr aus der Mathematik) und Hippokrates auch (auf diesen Mediziner schwören Ärzte noch heute einen heiligen Eid).

Wie lebten die Kinder im alten Griechenland?

Das Leben der Kinder war sehr unterschiedlich. Viele Babys starben bei der Geburt und unerwünschte oder schwächliche Säuglinge wurden einfach ausgesetzt. Für sie blieb oft nur ein Leben als Sklave. Entschied sich der Vater, ein Kind zu behalten, so bekam es zehn Tage nach der Geburt einen Namen. Jungen mussten mit sieben Jahren in die Schule gehen, die Mädchen blieben zu Hause und lernten Haushaltsführung. Nur arme Mädchen mussten einen Beruf erlernen, um die Familie zu unterstützen.

Griechische Kinder besaßen aber auch Spielzeug in großer Vielfalt und konnten auf Spielplätzen mit Wippen, Schaukelpferden und Schaukeln toben. Als Spielgefährten hatten sie Haustiere wie beispielsweise Hunde, Schweine und Schildkröten. Mit 12 Jahren galten Kinder als erwachsen und erlernten einen Beruf. Dann mussten sie ihre Spielsachen in den Tempel bringen und durften nicht mehr spielen.

Mitten in der Großstadt Athen liegt erhöht die Akropolis mit Tempeln, Heiligtümern und dem Dionysos-Theater.

Welche Sportarten gab es?

Die Griechen waren sehr sportlich. Sie trainierten Wettläufe, Weitsprung, Speer- und Diskuswerfen, Ringen und Ballspiele. Alle vier Jahre veranstalteten sie ein großes Sportfest – die Olympischen Spiele. Seit 776 vor Christus werden die Namen aller Sieger aufgezeichnet. Diese Tradition hat man mit den Olympischen Spielen der Neuzeit (erstmals 1896 in Athen) wieder aufleben lassen.

Welche Götter verehrten die Griechen?

Religion besaß in Griechenland einen hohen Stellenwert. Es gab Götter und Göttinnen für alle Lebenslagen und damit verbunden auch viele Feste und Zeremonien. Die Griechen glaubten an zwölf Haupt- und viele Nebengötter. Die wichtigsten gehörten zur zwölfköpfigen Familie von Zeus, dem Göttervater. Der wohnte auf dem Olymp (das ist ein hoher Berg in Griechenland). In der Unterwelt lebte hingegen Hades, der Gott des Todes. Die Griechen stellten sich ihre Götter in Menschengestalt vor und sie verhielten sich auch so. Der einzige Unterschied zum Menschen: Götter konnten nicht altern und waren unsterblich.

Die Griechen führten oft Krieg. Vor allem der Trojanische Krieg, wie auf dem Relief dargestellt, ging in die Geschichte ein.

Weißt du's?

1 Wie heißt der griechische Gott der Unterwelt?

- Minotaurus
- Zeus
- Olymp
- Hades

2 Wie hieß das große Sportfest der Griechen?

- Olympische Spiele
- Olympischer Kampf
- Delische Spiele
- Demokratischer Ringkampf

3 Wann gründeten die Griechen erste Kolonien?

- 2000 vor Christus
- 800 vor Christus
- um Christi Geburt
- 500 nach Christus

1. Hades 2. Olympische Spiele 3. 800 v. Chr.

Das antike Drama und das Theater entstanden in Griechenland. Das Theater von Epidauros ist eines der am besten erhaltenen Theater. Es bot mehreren Tausend Zuschauern Platz. Der Sprecher in der Mitte brauchte kein Mikrofon, er war auf jedem Platz bestens zu verstehen.

RÖMER

Diese römische Amphore stammt aus dem Jahre 600 vor Christus. Sie ist reich bemalt mit einer Darstellung des Urteils von Paris.

Woher haben die Römer ihren Namen?

Die Römer leiten ihren Namen von der Stadt Rom ab. Sie wurde 753 Jahre vor Christus von Romulus gegründet. Zuerst herrschten Könige über Rom, dann wurde es eine Republik, die von gewählten Volksvertretern (den Senatoren) regiert wurde. Im Jahre 49 vor Christus übernahm Julius Cäsar den Vorsitz im Senat. Er war wahrscheinlich der berühmteste Römer überhaupt. Allerdings regierte er nur fünf Jahre, dann wurde er von seinen Freunden und Mit-Senatoren umgebracht. Danach übernahm sein Adoptivsohn Octavian die Macht und wurde als Augustus 27 vor Christus zum ersten römischen Kaiser gekrönt.

Was machte Rom so besonders?

Rom war die größte Stadt der antiken Welt. Zur Glanzzeit Roms lebten über eine Million Menschen in der Stadt. Da war so viel los, dass es sogar Verkehrsstaus gab. Neben vielen öffentlichen Gebäuden wie Theatern, Badehäusern und Tempeln gab es die prachtvollen Villen der Reichen und die schäbigen Hütten der Armen.

Ob man in Rom gut leben konnte oder nicht, hing von der Stellung in der Gesellschaft ab. Es gab Bürger und Nicht-Bürger. Nur Männer konnten „Bürger" sein. Sie wurden in unterschiedliche Klassen eingeteilt: Patrizier, Equites und Plebejer. Patrizier durften wählen und in den Krieg ziehen. Equites waren Kaufleute und die Plebejer Bauern. „Nicht-Bürger" waren entweder Sklaven oder Provinziale (Menschen, die aus den Provinzen kamen).

Die Römer waren sehr modebewusst. Ihre traditionelle Kleidung war die Tunika sowie die Toga, die über der Tunika getragen wurde.

Etwas wirklich Besonderes wurde Rom in den Jahren nach Christi Geburt unter Kaiser Trajan. Damals beherrschten die Römer alle Länder rings um das Mittelmeer und waren sogar bis nach Britannien vorgedrungen.

Wie lebten die Kinder im alten Rom?

Nach der Geburt wurde ein Kind zuerst gewaschen und dem Vater vor die Füße gelegt. Hob er es auf, erkannte er es an. Neun Tage nach der Geburt bekam das Kind einen Namen und – wenn es ein Junge war – erhielt er einen Glücksbringer, eine „bulla". Die Kinder trugen Tuniken, das waren einfache Stoffkleider. Zwischen 14 und 19 Jahren feierten Jugendliche ihre Volljährigkeit, dann legten sie ihre „bulla" ab und bekamen eine richtige Toga (das Kleidungsstück der Erwachsenen). Jungen gingen zur Schule, Mädchen wurden zu Hause unterrichtet. Beide lernten Griechisch und selbstverständlich Lesen und Schreiben – und natürlich das Rechnen mit römischen Zahlen.

Was machten die Römer in ihrer Freizeit?

Die Römer liebten Theaterstücke, vor allem wenn sie lustig waren. In Rom gab es viele Theater. Das größte war das Kolosseum. Es wurde 72–80 nach Christus erbaut und bot Platz für 55 000 Menschen.

Fast genauso beliebt waren Wagenrennen und Gladiatorenkämpfe. Die berühmteste Arena, in der solche Wettkämpfe ausgetragen wurden, war der Circus Maximus in Rom. Bei den Wagenrennen ging es sehr schnell und sehr brutal zu. Nicht selten wurden Pferde und Menschen zu Tode getrampelt. Gladiatorenkämpfe wurden im Amphitheater wie z. B. im

Sport hatte bei den griechischen und römischen Männern einen hohen Stellenwert. Vor allem Diskuswerfen war eine beliebte Sportart.

Kolosseum veranstaltet und endeten fast immer mit dem Tod eines Unterlegenen. Gladiatoren waren häufig Sklaven oder Gefangene, die gezwungen wurden, gegeneinander oder gegen wilde Tiere zu kämpfen.

Wenn die Römer nicht gerade Gladiatorenkämpfen zusahen oder ins Theater gingen, trafen sie sich in den Thermen und Badehäusern. Dort konnte man sich entspannen, essen, trinken und natürlich baden.

Welche römischen Götter gab es?

Zu den bekanntesten Göttern gehören Mars, der Kriegsgott, und Jupiter, der Himmelsgott. Die Römer haben sich, was ihre Götter angeht, viel bei den Griechen abgeschaut. Es gab die gleichen Gestalten, nur wurden ihnen andere Namen gegeben. Jupiter entsprach dem griechischen Zeus und Juno der griechischen Hera. Der Gott der Meere war Neptun und der Liebesgott wurde Amor genannt. Die Göttin der Jagd war Diana und der Kriegsgott war Mars. Schon im 4. Jahrhundert nach Christus wurde jedoch das Christentum zur Staatsreligion und Rom zum Zentrum dieses Glaubens. Hier wohnt heute noch der Papst.

Kaiser Augustus, bekannt auch als Octavian

INFO!

Wer waren eigentlich die Gallier?

Die Gallier wanderten vor über 3000 Jahren aus Osteuropa in Frankreich ein. Im Jahre 52 vor Christus wurde der gallische Herrscher Vercingetorix in der Schlacht von Alésia von den Römern besiegt. Wenn wir heute von den Galliern sprechen, denken wir an die sagenhaften Comichelden Asterix und Obelix – und ihren ewigen Kampf gegen die Römer. Wirklich siegreich waren die Gallier in der wahren Geschichte allerdings nicht.

Das Forum Romanum war einst der politische Mittelpunkt des Römischen Reiches. Hier trafen sich die Senatoren und Politiker.

Das Kolosseum in Rom wurde 80 nach Christus für Theatervorführungen und Gladiatorenkämpfe erbaut.

GERMANEN

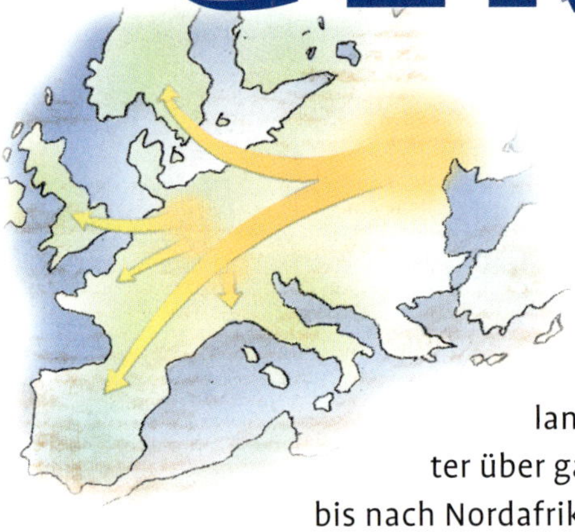

Woher kamen die Germanen?

Die Ur-Germanen kamen vermutlich vor rund 3500 Jahren aus dem südlichen Russland. Sie breiteten sich später über ganz Europa und zeitweilig bis nach Nordafrika aus. Römische Schriftsteller beschrieben sie als große, blonde und blauäugige Menschen. Sie lebten von Ackerbau und Viehzucht, pflanzten also Getreide an und hielten Haus- und Nutztiere.

Welche Volksstämme zählten zu den Germanen?

Die Germanen setzten sich aus sehr vielen unterschiedlichen Volksstämmen zusammen, aus denen später Großverbände gebildet wurden. Die größten und bekanntesten waren die Goten, die Angeln und Sachsen, die Franken, die Burgunder, die Wandalen und die Langobarden.

Die Germanen waren aber nicht nur Bauern, die zugleich Handel trieben, sondern auch streitbare Krieger. Sie kämpften als Söldner oder Verbündete für das Römische Reich, unternahmen aber auch eigene Eroberungszüge. Als Folge der sogenannten Völkerwanderung entstanden in Europa verschiedene germanische Reiche. Sie waren der Grundstein für das moderne europäische Staatensystem.

Heute kann man sich bei besonderen Veranstaltungen im Freilichtmuseum anschauen, wie die Germanen damals gelebt haben.

Wo hausten die Wandalen?

Wenn jemand haust wie ein Wandale, richtet er ein großes Chaos an. Die Wandalen eroberten um 400 nach Christus Spanien und Nordafrika, wo sie ein großes Reich errichteten. Sie stellten eine Kampfschiffflotte zusammen, mit der sie große Teile des Mittelmeers beherrschten. Unter ihrem König Geiserich setzten sie nach Italien über und besiegten die römischen Truppen. 15 Tage lang plünderten sie Rom.

Die Franken bekennen sich zum christlichen Glauben

König Chlodwig I. gilt als Begründer des Frankenreichs. Ausgehend vom fränkischen Kerngebiet zwischen Rhein und Ärmelkanal unterwarf er alle fränkischen Teilkönigreiche, besiegte die Alemannen und eroberte große Gebiete des heutigen Frankreich. Um 500 nach Christus ließ er sich taufen. Durch seinen Übertritt zum Glauben der römischen Kirche wurde im Frankenreich das Christentum eingeführt.

Welche Götter hatten die Germanen?

Die Germanen hatten viele Götter. Der wichtigste war Odin oder Wotan. Thor oder Donar war der Gott des Donners, der Bauern und des Landes. Er schützte die Menschen und die anderen Götter. Von ihm hat der Donnerstag seinen Namen. Der Dienstag wurde nach dem Kriegsgott Tyr

Thor, der Donnergott

Mit Runen beschriebener Grabstein

(Ziu) benannt und der Freitag hat seinen Namen der Fruchtbarkeitsgöttin Freyja zu verdanken. Zur Verehrung ihrer Götter trafen sich die Germanen im Freien, bei besonderen Quellen, Felsen oder Bäumen – meist Eichen. Bei den heiligen Handlungen wurden Tiere (vielleicht sogar Menschen) geopfert. Die Helden galten als Nachkommen der Götter. Ein solcher war beispielsweise Siegfried, der Drachentöter. Die Walküren waren Mädchen, die die getöteten Helden zum Sitz der Götter, der Walhalla, brachten. Was davon wohl wahr und was Sage ist?

Germanen waren geschickte Handwerker

Obwohl das Kriegshandwerk ihnen sehr wichtig war, schufen die Germanen aus unterschiedlichen Materialien wie Leder, Holz oder Edelmetall auch wertvolle Kunstgegenstände. Sie liebten Gold- und Silberschmuck sowie Edelsteine. Ihre Toten begruben sie mit all ihren Reichtümern. Deshalb findet man auch heute noch schöne Grabbeigaben wie Broschen, Armreifen oder Gürtelschnallen, reich verzierte Schwerter und aufwändig gearbeitete Schilde.

Wütende Wikinger erobern die Welt

Die Wikinger lebten im heutigen Skandinavien und Russland. Viele Gegenden Europas wurden Opfer ihrer Raubzüge. In den Kirchen betete man damals: „Herr, beschütze uns vor dem Wüten der Wikinger!" Sie waren aber nicht nur auf Plünderungen aus, sondern trieben auch Handel. Zu

Wikingerschiff

Erik der Rote

Das waren die Helme der mutigen Wikinger. Typisch sind die beiden Hörner auf den Bronzehelmen.

ihren großen Leistungen zählt sicher die Entdeckung Amerikas. Sie hatten damals schon so gute Schiffe, um damit den Atlantik zu überqueren. Zu ihren bekanntesten Führern gehörte Erik der Rote, der die erste Wikingersiedlung auf Grönland gründete.

INFO!

Siegfrieds Bad im Drachenblut

Siegfried (oder Sigurd) ist eine Heldenfigur altnordisch-germanischer Sagenkreise. Im Nibelungenlied war er der Sohn des Königs von Xanten am Niederrhein. Aufgrund seiner außergewöhnlichen Fähigkeiten vermochte er auch, einen Drachen zu töten. Durch ein Bad in dessen Blut wurde er unverwundbar, außer an der einen Stelle am Rücken, auf die ein Lindenblatt gefallen war. Jahre später führten Missgunst und Eifersucht zum Verrat und Siegfrieds vorgeblicher Beschützer Hagen von Tronje wurde zum heimtückischen Mörder am Drachentöter, indem er ihn von hinten durch einen Lanzenstich in die verwundbare Stelle umbrachte.

MAYAS

Das Maya-Kalenderrad: Es stehen immer mehrere Symbole für einen Monat.

Wann lebten die Mayas?

Vor vielen tausend Jahren wanderten Menschen nach Mittel- und Südamerika ein. Etwa 1000 Jahre vor Christus errichteten die Mayas in Mesoamerika, also Mittelamerika, die ersten Dörfer. Sie siedelten auf der Yucatan-Halbinsel und im heutigen Guatemala. Die Mayas waren Bauern. Sie rodeten den Regenwald und legten Felder an. Sie nutzten weder Kühe noch Pferde für die schwere Feldarbeit. Alles machten sie mit eigener Muskelkraft, denn sie kannten kein Rad. Sie bauten Mais, Kürbis und Bohnen an. Aus dem Mais brauten sie auch alkoholische Getränke. Als Schlachttiere hielten sie Wildvögel und Enten.

Waren die Mayas gebildet?

Die Mayas waren sogar sehr gebildet. Sie besaßen eine eigene Schrift, beherrschten das Rechnen, hatten einen eigenen Kalender und bereits Bücher.

Ihre Schrift bestand aus Hieroglyphen, also aus Bildzeichen, die zu Worten und Begriffen zusammengefügt wurden. Man entdeckte Stadtmauern, die über und über mit Schriftzeichen verziert waren. Wer diese Schrift erlernen wollte, musste sich mehrere hundert unterschiedliche Symbole merken.

Die Mayas schrieben wichtige Dinge in sogenannte „Faltbücher". Als Papier benutzten sie Streifen aus der Bastschicht von Feigenbäumen. Diese wurden dann wie eine Ziehharmonika zu Büchern gefaltet.

Die Rechenkunst der Mayas beruhte auf der Zahl 20 (unsere beruht auf der Zahl 10). Die Zahlen wurden durch Punkte und Striche ausgedrückt. Ein Punkt war eine 1, ein Strich stand für eine 5. Die Null wurde in Form eines Korns dargestellt.

Die Mayas besaßen auch Kalender. Der wichtigste Kalender orientierte sich am Lauf der Erde um die Sonne und unterteilte ein Jahr in 365 Tage. Das Maya-Jahr war allerdings in 18 Monate mit jeweils 20 Tagen aufgeteilt. Die übrigen fünf Tage waren „Unglückstage". Ein anderer Maya-Kalender war wie eine Art Tageshoroskop aufgebaut.

Welche Götter verehrten die Mayas?

Nach dem Glauben der Mayas waren alle Dinge in der Natur, wie zum Beispiel Bäume oder Felsbrocken, von Geistern bewohnt. Sie verehrten viele Gottheiten, die entweder die Gestalt von Tieren oder Menschen hatten. Die Erde stellten sie sich als Schildkröte mit gewölbtem Rücken vor. In deren Mitte stand der Kapokbaum, der den Himmel trug. Etwa im Jahre 400 vor Christus begannen die Mayas mit ihren berühmten Tempelbauten. Aus den Dörfern der Mayas wurden riesige Städte, wie beispielsweise Copan, das im heutigen Honduras liegt. Bei den Tempeln wurden mehrere übereinander gebaut und so entstanden riesige Pyramiden, die rein äußerlich mit den ägyptischen vergleichbar sind. Die Spitze einer solchen Mayapyramide durfte nur von Priestern betreten werden. Zu bestimmten Anlässen brachten die Mayas ihren Göttern dort Blutopfer. Es wurden auch Menschen geopfert.

In Mittelamerika findet man viele Spuren der Maya-Kultur, zum Beispiel Tempelanlagen und Grabstätten.

Die Nachfahren der Mayas verdienen heute ihr Geld mit dem Verkauf von Andenken in den Tempelanlagen.

Wie lebten die Kinder der Mayas?

Das Leben der Kinder war bestimmt nicht einfach. Die Mayas liebten beispielsweise alles Schöne. Als schön galten beispielsweise flache und lange Kopfformen. Deshalb presste man den Schädel von Neugeborenen zwischen zwei Bretter, um ihn zu formen. Vor die Augen der Kleinen hängte man bunte Perlen auf, damit sie schielten. Das galt nämlich als schick. Älteren Kindern wurden die Vorderzähne spitz zugefeilt. Mädchen und Jungen wurden vor der Hochzeit von Kopf bis Fuß tätowiert.

Wie in allen alten Kulturen hatten die Jungen mehr Möglichkeiten als die Mädchen. Während diese die Hausarbeit und das Weben ausübten, erlernten die Jungen das Handwerk des Vaters. Manche wurden auch in die Kunst der Maya-Schrift eingeweiht.

Diese Mädchen tragen die traditionelle Maya-Kleidung. Farbenfrohe Röcke, bunte Kopfbedeckungen und Perlenketten.

Weißt du's?

1 Wie viele Monate besaß ein Maya-Jahr?
- 12 Monate
- 18 Monate
- 24 Monate
- 6 Monate

2 Welchen Beruf übten die meisten Mayas aus?
- Bauer
- Händler
- Priester
- Schriftgelehrter

3 In welcher Form stellten sich die Mayas die Erde vor?
- Wie einen Elefantenrücken
- Wie einen Jaguarrücken
- Wie einen Schildkrötenrücken
- Wie einen Vogelrücken

1. 18 Monate 2. Bauer 3. Schildkrötenrücken

Wer beherrschte die Mayas?

Es gab Könige und Adlige, die innerhalb der Gesellschaft eine besondere Stellung einnahmen. Besonders gut ging es auch den Priestern und hochgestellten Kriegern. Die Mehrzahl der Menschen waren aber Bauern, die eigenes Land bewirtschafteten und solche, die bei den Adligen im Dienst standen.

Zeuge einer vergangenen Kultur ist die riesige Steinpyramide im mexikanischen Uxmal.

Ritter der Zukunft? Luke Skywalker ist ein Jedi-Ritter in dem Science-Fiction-Film „Krieg der Sterne".

RITTER UND BURGEN

Wann lebten die Ritter?

Im Mittelalter gab es in Europa Ritter. Als Mittelalter beschreibt man eine Zeitspanne, die etwa von 500 nach Christus bis 1450 reichte. In dieser Zeit war Europa in viele kleine Länder und Königreiche zersplittert. Ab dem 12. Jahrhundert wurde das Land von Burgen aus regiert, in denen Grafen, Fürsten und Könige wohnten. Burgen bestanden aus mehreren Häusern, die von einer großen Mauer und oft auch einem Wassergraben umgeben waren. In kriegerischen Zeiten konnten die Untertanen sich zum Schutz in die Burg retten und sich gemeinsam gegen die Feinde wehren.

Wer waren die Ritter?

Ritter waren Krieger, die auf Befehl des Fürsten oder Königs für ihn in den Krieg zogen oder Feinde bekämpften. Die Ritter mussten ihrem Herren geloben, ihm treu ergeben zu dienen, gegen alles Unrecht zu kämpfen und Witwen und Waisen zu schützen. Die Ritter mussten sich auch an die christlichen Grundsätze halten. Diese Verpflichtung gegenüber der Kirche und dem Glauben führte dazu, dass Tausende Ritter auf Kreuzzügen ins heilige Land, besonders nach Jerusalem, zogen, um dieses Gebiet von den Moslems, die dort herrschten, zu befreien. In dieser Zeit wurden auch die ersten Ritterorden wie z. B. die Templer oder die Johanniter gegründet.

Im Mittelalter trugen die Ritter perfekte Rüstungen aus schwerem Metall, um sich vor Schwertern und Pfeilen zu schützen.

Wie wurde man Ritter?

Wer Ritter werden wollte, musste schon früh mit der Ausbildung beginnen. Mit etwa sieben Jahren konnte man als „Page" aufgenommen werden. Ein „Page" wurde vor allem in guten Umgangsformen unterwiesen. Mit 14 Jahren wurde aus dem Pagen ein „Knappe". Jetzt lernte er sein Ritterhandwerk, indem er seinem Ritter bei Turnieren und Kämpfen zur Seite stand.

Beherrschte ein Knappe alle Kriegswerkzeuge, so konnte er mit 21 Jahren vom König zum Ritter geschlagen werden. Von da an war ein Ritter darauf bedacht, alle Aufgaben, die er bekam, möglichst gut zu erledigen. Als Belohnung für seine Treue und die Kriegsdienste beschenkte der König seine Ritter mit Grund und Boden. Man nannte das Lehen. Der Ritter war dann für den Schutz der Bewohner und von Hab und Gut in diesem Gebiet verantwortlich.

Warum wurden Turniere veranstaltet?

Turniere waren so etwas wie die Übungsplätze für Ritter. Auf dem Turnierplatz probierten sie die neuesten Waffen und Rüstungen aus, übten sich im Umgang mit Schwert und Schild, Lanze, Streitaxt oder Pfeil und Bogen. Die Knappen waren immer dabei, um ihren Herren zu helfen. Das war auch nötig, denn so eine Rüstung war ganz schön unbequem. Manchmal wurden auch Schaukämpfe veranstaltet, bei denen

Mittelalterliche Stadt

der König sich von der Schlagkraft seiner Ritter überzeugen konnte.

Warum trugen Ritter eine Rüstung?

Um sich vor den scharfen und spitzen Waffen zu schützen, legten Ritter vor dem Kampf ihre Rüstung an. Das Anziehen war ziemlich kompliziert und deshalb musste der Knappe seinem Herren dabei helfen. Zuerst legte der Ritter ein Unterkleid aus dickem Stoff an, um den Druck der schweren Rüstung abzupolstern. Dann wurde der gesamte Körper in einzelne Metallkleider gesteckt. Bis um 1200 trugen die Ritter ein Kettenhemd. Es bestand aus miteinander verbundenen Metallringen. Später verstärkte man die Rüstung mit Metallplatten. Am Ende der Ritterzeit sahen die Ritter dann aus wie Konservendosen auf Beinen.

Warum gibt es heute keine Ritter mehr?

Im späten Mittelalter verloren die Ritter immer mehr an Macht, da die Landfürsten und die Bürger neue Heere aufstellten, die mit Feuerwaffen ausgerüstet waren. Mit der Erfindung der Kanonen boten auch die Burgen keinen ausreichenden Schutz mehr, deshalb musste man andere Mittel der Kriegsführung erfinden. Aus vielen arbeitslosen Rittern wurden Raubritter, die die unzähligen Handelsstraßen unsicher machten. Die Geschichte von „Ronja Räubertochter“ (von Astrid Lindgren) beschreibt diese Zeit.

Weißt du's?

1 Wie nannte sich der Gehilfe des Ritters?

- Lange
- Kleine
- Kurze
- Knappe

2 Was unternahmen Ritter und Gläubige im Mittelalter, um Jerusalem zu befreien?

- Turniere
- Kreuzzüge
- Abrüstungsabkommen
- Wallfahrten

3 Womit waren die Burgen vor Angreifern geschützt?

- Durch Wassergraben und Mauer
- Durch Alarmanlage und Polizei
- Durch Pech und Schwefel
- Durch Bergfried und Verlies

1. Knappe 2. Kreuzzüge 3. Durch Wassergraben und Mauer

Viel Zeit und Geld verwendeten die Burgherren für die Sicherung ihrer Festungsanlagen. Diese hier steht heute noch in Wales.

„Ronja Räubertochter“ – die Abenteuer eines Mädchens unter Raubrittern schrieb Astrid Lindgren. Die Geschichte wurde 1984 verfilmt.

INDIANER

Wie die Indianer zu ihrem Namen kamen

Vor über 500 Jahren wollte Christoph Kolumbus nach Indien. Den Land- und Wasserweg Richtung Osten kannte man schon. Er aber dachte sich: Die Erde ist rund. Wenn ich also in die andere Richtung übers Meer fahre, dann komme ich auch hin. So fuhr er mit dem Schiff Richtung Westen und erreichte tatsächlich ein Land, das er für Indien hielt. Aber das stimmte nicht. Es war ein damals unbekanntes Land. Man nannte es später Amerika. Seine Ureinwohner heißen aber noch heute Indianer. Richtiger wäre es, sie „First Nations“ oder „Native Americans“ zu nennen, also Ureinwohner Amerikas oder eingeborene Amerikaner.

Die Indianer sehen den Menschen aus Asien ähnlich. Man nimmt an, dass sie von dort vor etwa 25 000 Jahren eingewandert sind. Zu dieser Zeit gab es zwischen Asien und Amerika einen Landweg: Die heutige Beringstraße zwischen Sibirien und Alaska. Denn der Meeresspiegel war etwa 90 Meter niedriger. Diese Einwanderer bildeten viele einzelne Gruppen oder Stämme. Jede dieser Gruppen entwickelte sich eigenständig weiter. Die bekanntesten sind heute die Apachen, Irokesen, Sioux, Komantschen, Azteken und Inka. Aber es gibt noch viele mehr und nur ganz wenige entsprechen unserem Indianerbild mit Federschmuck und Friedenspfeife. Die indianische Bevölkerung umfasst heute mehr als 400 verschiedene Gruppen. Alle sprechen ihre eigene Sprache oder ihren eigenen Dialekt.

Indianer in früheren Zeiten

Von der Jagd in der Prärie lebten vor allem die Komantschen, die Cheyenne und die Sioux. Die Pferde, die sie um das Jahr 1630 von den Spaniern bekamen, waren bei der Büffeljagd eine große Hilfe. Die Büffel lieferten diesen Stämmen Frisch- und Dörrfleisch, Lederkleidung, Zelte, Waffen und Knochenwerkzeuge. Die Zeltstangen, zwischen die sie die Büffelhäute spannten, konnten beladen und von Pferden gezogen werden. So waren die Indianer in der Lage, den großen Büffelherden leichter zu folgen. Viele Indianerstämme wurden als kriegerisch bekannt, vor allem, nachdem sie im 18. Jahrhundert von Pelzjägern Feuerwaffen erhalten hatten. Unter der Führung von Kriegerhäuptlingen mussten sich die Krieger durch tapfere Taten auszeichnen. Der Federschmuck zeigte an, welchen Ruhm sein Träger erreicht hatte. Die Mitglieder der Sammlerstämme in Kalifornien sammelten Nüsse, Beeren, Wurzeln und Samen, die sie zu Brot verarbeiteten. Sie wohnten in Kuppelhütten und Erdhäusern. Im Nordwesten lebten Stämme, die sich durch die Jagd ernährten. Im Winter wohnten sie in großen Häusern, vor denen die kunstvoll geschnitzten Totempfähle standen.

Indianer heute

Für die Indianer war die Entdeckung Amerikas durch Kolumbus eine bis heute andauernde Katastrophe. Ihr Land wurde ihnen weggenommen. Viele starben an eingeschleppten Krankheiten, durch Hungersnöte,

Am Totempfahl kann man erkennen, zu welchem Stamm die Indianer gehören.

Indianer sind sehr geschickte Jäger. Ohne in das Wasser zu fallen, fangen sie Fische mit Pfeil und Bogen von ihrem Boot („Kajak") aus.

bei Kriegen oder Zwangsarbeit (= Arbeit, die sie unter Zwang für die Weißen verrichten mussten). Heute leben die Indianer in Nordamerika meist verarmt in Reservaten. Das sind Gebiete, die ihnen von der Regierung zugewiesen wurden. In Südamerika blieben ihnen als Bauern nur die unfruchtbarsten Böden. Davon können sie oft nicht mehr leben. Sie müssen jede noch so schlecht bezahlte Arbeit annehmen. Sogar Kinder verrichten dort oft Schwerstarbeit. Ganz wenige Stämme lebten lange Zeit ungestört in der Tiefe der Regenwälder. Doch auch sie sind heute durch Goldsucher, Holzfäller und neue Siedler bedroht.

Indianerreligion

Die Indianer glaubten an Schutzgeister und Naturzauberkräfte. Der Sonnentanz sollte die Fruchtbarkeit der Jagdtiere erhalten. Durch einen Geistertanz wollte man das Vordringen der Weißen aufhalten. Die Seelenwanderung tapferer Krieger ist der Mittelpunkt ihres Geisterglaubens – der allmächtige Gott vieler nordamerikanischer Indianer ist Manitu.

Weißt du's?

1 Wie heißt Winnetous Schwester?
- Apanatschi
- Kleine Wolke
- Belutschi
- Nscho-Tschi

2 Wie nennt man eine Indianerfrau?
- Powwow
- Tipi
- Squaw
- Tomahawk

3 Was tut ein Indianer, wenn er jemandem den Krieg erklärt?
- Er gräbt das Kriegsbeil aus.
- Er mottet die Friedenspfeife ein.
- Er macht seinen Wigwam dicht.
- Er tanzt einen Regentanz.

1. Nscho-Tschi 2. Squaw 3. Er gräbt das Kriegsbeil aus.

Das heutige Naturschutzgebiet des Monument Valley in Arizona und Utah zählte einst zum Jagdrevier der Navajo-Indianer.

Indianer bei der Büffeljagd

DIE SIEBEN WELTWUNDER

Wieso gerade sieben Weltwunder?

Bei den Völkern der Antike war die Sieben eine magische Zahl, denn sie bildete die Summe aus drei und vier, den beiden Lebenszahlen. Drei und vier nehmen eine Sonderstellung ein: Vater, Mutter und Kind, also drei Menschen, sind die Grundlage allen Lebens; die vier Himmels- und Windrichtungen bestimmen, ob Regen kommt und die Äcker fruchtbar bleiben.

In der katholischen Kirche gibt es sieben Todsünden und Rom wurde auf sieben Hügeln erbaut. Wer verliebt ist, schwebt im siebten Himmel. Und: Schneewittchen lebte bei den sieben Zwergen, hinter den sieben Bergen. Die Zahl Sieben hat also etwas Magisches, so wie die Weltwunder an sich auch.

Wer suchte die sieben Weltwunder aus?

Eine der ältesten Siebener-Gruppen sind die sieben Weltwunder. Als Weltwunder in diesem Sinne wurden berühmte und großartige Bau- und Kunstwerke der Antike beschrieben. Die erste schriftliche Schilderung der sieben Weltwunder stammt vom griechischen Schriftsteller Antipatros von Sidon. Er lebte etwa 200 Jahre vor Christus und verfasste eine Art einfachen Reiseführer mit sieben Stationen. Was Antipatros sich bei dieser Auswahl gedacht hat, kann niemand mehr genau nachvollziehen. Warum erwähnte er mit keinem Wort die Akropolis in Athen, obwohl dieses wunderbare Bauwerk direkt vor seiner Nase lag? Wahrscheinlich, weil jeder seiner Leser die Akropolis auch gekannt hätte – und schließlich wollte er seinen Lesern etwas Neues anbieten. Das einzige Weltwunder auf dem griechischen Festland war also die Zeus-Statue des Phidias in Olympia. Für alle anderen musste man weiter reisen.

Welches waren die sieben antiken Weltwunder?

Als erstes Weltwunder gelten die Pyramiden von Gizeh **(1)**, die noch heute ganz in der Nähe der ägyptischen Hauptstadt Kairo zu bewundern sind. Sie entstanden etwa 2590 bis 2470 vor Christus und sind somit die ältesten und einzigen Bauwerke der Weltwunder, die noch heute erhalten sind. Die Cheops-Pyramide ist – mit Ausnahme der Chinesischen Mauer – das größte je von Menschen errichtete Bauwerk. Sie ist 146,6 Meter hoch (das entspricht etwa einem 50-stöckigen Wolkenkratzer) und hat eine Grundfläche von 230 mal 230 Metern. Bewundernswert dabei ist vor allem, dass dieser hohe Bau ohne Kran und ähnliche Hilfsmittel errichtet werden konnte.

Das zweite Weltwunder sind die Hängenden Gärten der Semiramis **(2)**. Sie waren im ehemaligen Babylon (etwa 90 Kilometer von Bagdad im Irak) gelegen. Die Babylonier waren bekannt für ihre technischen Entwicklungen – die Hängenden Gärten gehörten dazu. Diese waren auf Terrassen über großen

1

2

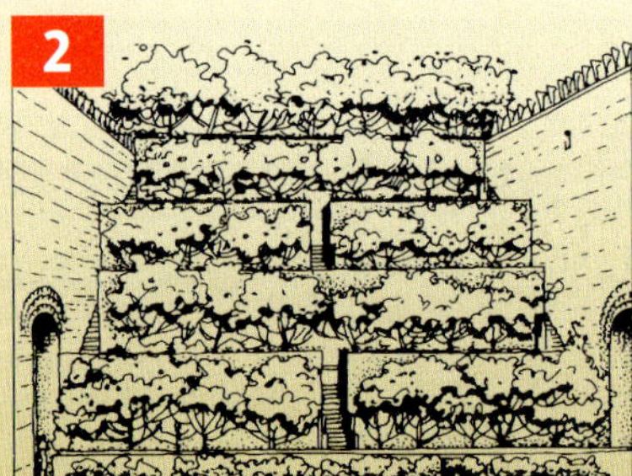

3

Die Pyramiden von Gizeh kann man noch heute bewundern. Sie sind die einzigen Bauwerke der Weltwunder, die erhalten geblieben sind.

In Griechenland findet man Ruinen von mächtigen Tempelanlagen, die auf eine erstaunlich weit fortgeschrittene Baukunst hinweisen.

Kellergewölben angelegt. Dort wuchsen Bäume, Büsche und zahlreiche Blumen.

Das dritte Weltwunder ist die Zeus-Statue, die der Bildhauer Phidias im Zeus-Tempel in Olympia errichtete (3). Das Abbild des Göttervaters war stolze 12 Meter hoch und reich mit Gold und Elfenbein verziert. Artemis, der Göttin der Jagd (4), war ein Tempel in der Nähe von Ephesos (heute Türkei) gewidmet. Er war aus Marmor gebaut und gilt als viertes Weltwunder.

Auch das fünfte Weltwunder befand sich auf türkischem Boden. Es war das Grabmal des König Mausolos von Halikarnassos (5).

Bekannter als antikes Weltwunder ist der Koloss von Rhodos (6). Die gigantische Bronzestatue sollte den Sonnengott Helios darstellen und war etwa 36 Meter hoch. Leider bewachte sie nur 66 Jahre lang die Hafeneinfahrt von Rhodos, dann zwang sie ein Erdbeben in die Knie. Die Statue versank im Meer.

Das siebte und letzte Weltwunder ist der Leuchtturm von Alexandria (7), der rund 1000 Jahre, bis zu seiner Zerstörung durch Erdbeben, auf der ägyptischen Halbinsel Pharos stand, die vor der heutigen Millionenstadt Alexandria liegt. Mit seinen mehr als 130 Metern ist er der bis heute höchste Leuchtturm, der jemals gebaut wurde. Versuche des Wiederaufbaus scheiterten.

INFO!

Gibt es noch andere Weltwunder?

Hätte Antipatros zu seiner Zeit schon weiter reisen können, hätte er wahrscheinlich viel mehr als sieben Weltwunder auf seiner Liste gehabt. Doch seine Welt war auf die Länder rings ums Mittelmeer beschränkt und deshalb stand beispielsweise auch die Chinesische Mauer nicht mit auf seiner Liste. Diese ist übrigens das einzige von Menschenhand geschaffene Bauwerk, das sogar vom Mond aus zu sehen ist.

4

5

6

7

MÄRCHEN UND SAGEN

Hans Christian Andersen

Sind Märchen wahr?

Wenn Ereignisse zu schön sind, um wahr zu sein, sprechen wir gern von einem Märchen. Märchen, das sind fantastische Geschichten, die überall auf der Welt erzählt werden. Bis zum 16. Jahrhundert wurden Märchen immer nur weitererzählt, nirgendwo stand geschrieben, wie eine bestimmte Geschichte ausgeht. Märchen können nicht wahr sein, denn in ihnen tauchen so wundersame Wesen wie Zwerge, Hexen, Riesen und Drachen auf. In Märchen können Tiere und Gegenstände sprechen, oft gibt es was zu lachen – und manchmal ist die Geschichte auch so traurig, dass man weinen will. Märchen entsprechen nicht den tatsächlichen Begebenheiten – das unterscheidet sie von Sagen. Sagen nämlich werden auf ein wahres Ereignis zurückgeführt. Die Geschichte drum herum war aber keineswegs immer so, wie man es sich erzählt.

Gibt es noch Märchenerzähler?

Nur wenige Menschen haben das Talent, Geschichten und Märchen so vorzutragen, dass sie für den Zuhörer spannend sind. Früher war das anders. Damals gab es kein Fernsehen und auch nur wenige Bücher. Wenn man etwas Neues oder Unterhaltendes erfahren wollte, war man auf Geschichtenerzähler angewiesen. Diese zogen übers Land und erzählten ihre Märchen und Sagen allen Leuten, die sie hören wollten. War die Geschichte spannend oder lustig, wurde der Erzähler dafür bezahlt. Klar, dass unter diesen Bedingungen solche Märchenerzähler auch wahre Ereignisse etwas spannender machten, als sie eigentlich waren. Schließlich ging es ums Geld. So wurden aus einfachen Nachrichten spannende Erzählungen. Und weil solche Geschichten von Mund zu Mund weitergegeben wurden, entstanden immer neue Varianten ein und derselben Story.

Wer schrieb die Märchen auf?

Wie schon gesagt, Märchen gibt es auf der ganzen Welt und bei allen Völkern werden sie erzählt. Die Gebrüder Grimm waren in Europa die Ersten, die solche Geschichten auch aufschrieben. Jacob und Wilhelm Grimm veröffentlichten im 19. Jahrhundert ihre Sammlungen von Märchen und Sagen. Die Geschichten aus ihren Büchern „Kinder- und Hausmärchen" und „Deutsche Sagen" kennt man in der ganzen Welt. Darunter waren bekannte Geschichten, wie die vom Froschkönig, von Hänsel und Gretel oder dem

Eines der bekanntesten Märchen ist „Gullivers Reisen", auf denen er so manche haarsträubenden Abenteuer erlebt.

Die beiden Brüder Jacob und Wilhelm Grimm

Rotkäppchen. Während die Gebrüder Grimm mehr Märchen-Sammler waren, so hat der dänische Dichter Hans Christian Andersen viele schöne Märchen selbst geschrieben. Zu seinen bekanntesten Werken gehörten „Des Kaisers neue Kleider" und „Das hässliche Entlein".

Kann man von Märchen lernen?

Lange Zeit dachte man, Märchen seien schön, aber nutzlos. Doch im Laufe der Jahrhunderte erkannte man, dass in jedem Märchen ein versteckter Sinn enthalten ist – eine Botschaft, die weiterhilft. Das Wichtigste, dass man aus Märchen und Sagen lernen kann, ist, dass es immer Gut und Böse zugleich gibt. Man kann daraus lernen, dass Menschen nicht immer gut sind, auch wenn sie sich so geben. Das Böse ist faszinierend und wird als Hexe, Drache oder Zauberer dargestellt; das Gute wird von Personen wie Feen, Prinzessinnen, Elfen und Prinzen verkörpert. Am Ende verliert immer das Böse, was bedeutet: Bosheit zahlt sich nicht aus. Das Gute siegt nach schweren Mühen. Was man daraus lernt: Es lohnt sich, auch wenn es mühevoll ist, für das Gute einzutreten. Das Schönste an Märchen ist – und daran erkennt man sie auch eindeutig – sie enden immer mit einer schönen Aussicht in die Zukunft. Denn: Wenn sie nicht gestorben sind, dann leben sie noch heute …

Gibt es moderne Märchen?

In Zeiten von Fernsehen und Kino tun sich Märchen etwas schwer. Um Märchen zu begreifen, braucht man nämlich Fantasie – und davon gibt es immer weniger. Nur wenige Versuche, neue Märchen zu erzählen, wollen wirklich gelingen. Eine Ausnahme sind da sicher die Geschichten von Michael Ende, der unter anderem „Die unendliche Geschichte" und „Momo" schrieb. Auch die Geschichten rund um „Harry Potter" sind ziemlich märchenhaft. Doch mit den bekannten Klassikern wie „Hänsel und Gretel" oder „Schneewittchen" sind sie nicht zu vergleichen.

Weißt du's?

1 Womit belohnt Frau Holle das Mädchen, das ihr nicht fleißig geholfen hat?

- Mit Gold
- Mit Pech
- Mit Schwefel
- Mit Wasser

2 Welches adelige Mädchen findet Unterschlupf bei sieben kleinen Bergarbeitern?

- Rotkäppchen
- Rapunzel
- Schneewittchen
- Schneeweißchen

3 Womit sticht sich Dornröschen, bevor es einschläft?

- Mit einer Nadel
- Mit einer Spindel
- Mit einer Schere
- Mit einem Dorn

1. Mit Pech 2. Schneewittchen 3. Mit einer Spindel

Harry Potter, der Zauberlehrling, begeistert Millionen Leser und Kinobesucher mit seinen Abenteuern.

Das moderne Märchen „Momo" ist die Geschichte von Zeitdieben und einem Kind, das den Menschen die gestohlene Zeit zurückbringt.

1 Hier stimmt was nicht!

In dieses Bild haben sich fünf Dinge eingeschlichen, die es in der Steinzeit nicht gab. Kannst du sie alle finden?

2 Rätselhaftes Ägypten

Bei den ägyptischen Hieroglyphen steht jeweils ein Zeichen für einen Buchstaben oder Laut. Mithilfe des kleinen Hieroglyphen-Alphabets rechts kannst du sicher leicht das Lösungswort dieses Rätsels finden.

Kleiner Tipp: Probiere doch selbst einmal aus, Wörter in Hieroglyphen umzusetzen!

3 Burgbewohner gesucht!

Schau dir diese Burg genau an! Kannst du die folgenden Begriffe den einzelnen Burgteilen (1 bis 7) richtig zuordnen? Schreibe in dieser Reihenfolge die roten Buchstaben auf und du erhältst das Lösungswort.

Kleiner Tipp: Es sind ganz besondere Burgbewohner, die gesucht werden!

WEHRGANG
WEHRTURM
RINGMAUER
BURGTOR
BURGGRABEN
ZUGBRÜCKE
SCHIESSSCHARTE

1	2	3	4	5	6	7

4 Griechische Götterwelt

Suche folgende Begriffe aus der griechischen Götterwelt im Buchstabengitter:

ZEUS
HERA
ARES
ARTEMIS
DIONYSOS
PEGASUS
HERKULES
HADES

Q	A	T	O	R	T	G	A	F
W	S	G	P	P	Ü	H	R	H
Z	E	U	S	E	I	E	T	A
R	D	B	Ä	G	O	R	E	D
T	G	S	H	A	L	K	M	E
Z	A	R	E	S	M	U	I	S
U	H	A	R	U	N	L	S	K
I	J	L	A	S	Z	E	Z	T
O	D	I	O	N	Y	S	O	S

Mensch und Gesundheit

ENTSTEHUNG DES MENSCHEN

Stammt der Mensch vom Affen ab?

Nein, jedenfalls nicht von den heutigen Affen, aber Mensch und Menschenaffen haben einen gemeinsamen affenartigen Vorfahren. Das beweisen viele Knochenüberreste, die man in Afrika gefunden hat. Aus solchen Knochenfunden wissen wir auch, dass hier vor etwa 5 Millionen Jahren bereits frühe Menschen lebten, die Vormenschen, die auch Australopithecus genannt werden (das bedeutet „südlicher Affe"). Aber es sind schon direkte Vorfahren des Menschen, denn anders als die Affen gingen sie aufrecht auf zwei Beinen und hatten schon kleinere Eckzähne als Affen. Inzwischen haben die Forscher einzelne Knochen gefunden, die noch viel älter sind, nämlich 6 bis 7 Millionen Jahre. Sie sind natürlich schwerer einzuordnen, aber einige Anzeichen deuten bereits auf ein etwas verändertes Gebiss und einen möglicherweise zweibeinigen Gang hin.

Wie könnte die Entwicklung des Menschen ausgesehen haben?

Wie es genau abgelaufen ist, darüber streiten sich die Wissenschaftler, aber über die Grundzüge der Entwicklung sind sie sich einig. Aus dem „südlichen Affen" ging vor etwa 2,5 Millionen Jahren der Homo habilis, der „befähigte Mensch", hervor. Er verwendete zweiseitig zugeschlagene Steine als Werkzeug, zum Beispiel als Schaber und Messer. Daneben entstand vor etwa 1,8 Millionen Jahren eine weitere Frühmenschenart, der Homo erectus (das bedeutet „aufrecht gehender Mensch"). Das Gehirn dieser Menschenart war damals so groß wie heute bei einem neugeborenen Kind. Dieser Menschentyp breitete sich von Afrika nach Asien und Europa aus. Man fand von ihm Spuren in Spanien, in Italien, in Heidelberg und in Thüringen. Er benutzte Schutzhütten und das Feuer. Beides waren wichtige Voraussetzungen, um die kalten Jahreszeiten zu überstehen. Es entwickelte sich eine erste Sprache und gewisse Lebensabläufe wurden organisiert. Aus dem Homo erectus entwickelten sich allmählich neuere Menschenarten: Homo neanderthalensis, der Neandertaler, und Homo sapiens, der „weise Mensch", zu dem alle heute lebenden Menschen gehören. Der Neandertaler lebte vor etwa 200 000 Jahren in Europa, starb aber vor ungefähr 30 000 Jahren wieder aus. Homo sapiens war in Afrika entstanden und entwickelte sich hier zum modernen Menschen. Vor etwa 40 000 Jahren kam er nach Europa und lebte noch eine Weile neben dem Neandertaler.

Die Affen sind unsere nächsten Verwandten, das ist wissenschaftlich bewiesen.

Der Knochenbau der Affen brachte die Wissenschaftler auf die richtige Spur. Je nach Lebensumfeld veränderte sich das Skelett und aus dem Affen, der durch die Bäume schwingt, wurde der aufrecht gehende Mensch.

Der Neandertaler war mit dem modernen Menschen verwandt. Er starb vor rund 30 000 Jahren aus.

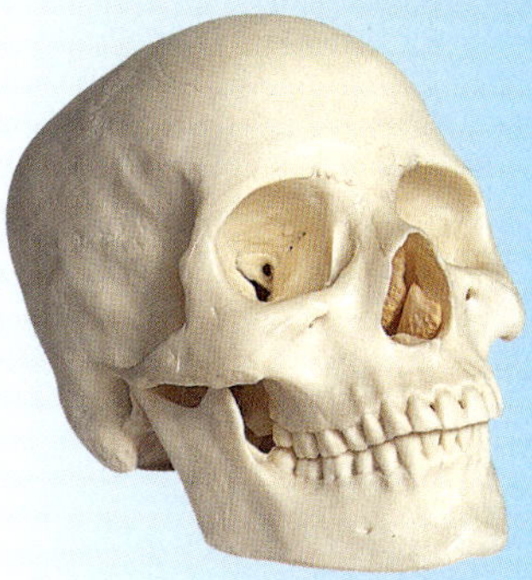

So sieht ein menschlicher Schädel heute aus …

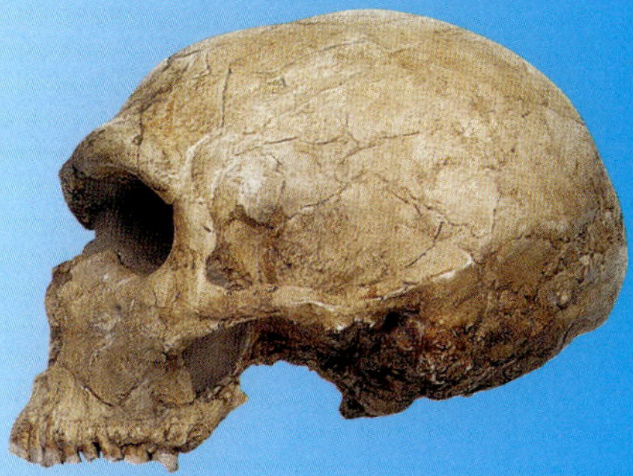

… die Neandertaler hingegen hatten noch die affentypischen hervorstehenden Augenbrauen und die flache Stirn.

Wer war Charles Darwin?

Charles Darwin war ein englischer Wissenschaftler. Eigentlich war er kein großartiger Erfinder oder Philosoph, sondern nur ein guter Beobachter. Es gelang ihm zudem, aus seinen Beobachtungen die richtigen Schlüsse zu ziehen. Auf einer langen Reise nach Südamerika studierte er Tiere und Pflanzen. Dabei fand er heraus, dass sich die Lebewesen auch körperlich ihrer Umgebung anzupassen verstanden. Er schrieb das Buch „Über die Entstehung der Arten“, das ihn berühmt machte.

Nur der Beste überlebt

Im Laufe der Erdgeschichte hat sich die Erscheinung von Lebewesen immer wieder verändert. Schuld daran sind zufällige Veränderungen der Erbanlagen. Diese sind vergleichbar mit einem Bauplan eines jeden Lebewesens. Der ist nicht immer gleich, sondern es schleichen sich immer wieder „kleine Fehler“ ein. Ein solcher „Fehler“ war zum Beispiel die Fähigkeit des Vormenschen, sich auf zwei Beinen zu fortzubewegen. Damit hatten sie die Hände zum Greifen frei und konnten zur Nahrungsaufnahme Hilfsmittel verwenden. Und weil sie so mehr essen konnten, haben sie mehr Kinder bekommen. Und diesen Kindern haben sie jene Baupläne für den aufrechten Gang vererbt.

Sind Menschen Säugetiere?

Biologisch gesehen gehört der Mensch zu den Säugetieren, genauer gesagt zu den Primaten (hierzu zählen auch die Affen). Allerdings unterscheidet er sich von den Affen ganz erheblich: Sein aufrechter Gang, die stärkere Ausbildung des Gehirns, abstraktes Denken und seine Sprache sowie die Fähigkeit, sich durch die Erschaffung künstlicher Hilfsmittel veränderten Umwelten anzupassen, machen einen gewaltigen Unterschied aus.

INFO!

Vererbung

Wunderst du dich manchmal, dass du zum Beispiel dunkles Haar hast wie Papa und nicht blondes wie Mama? Oder wirst du genauso schnell wütend wie Papa und lernst genauso schnell Klavier spielen wie Mama? Schuld daran ist vermutlich die Vererbung. Alle Lebewesen geben Eigenschaften über Gene an ihre Nachkommen weiter. Gene sind ein Teil jeder Zelle. Bei der Befruchtung verschmelzen die Zellen von Mutter und Vater zu einer neuen. So werden alle Anlagen weitergegeben. Aber nicht alle kommen zum Vorschein. Bei Menschen lässt sich schwer vorhersagen, welche Merkmale vererbt werden.

MANN UND FRAU

Junge oder Mädchen?

Schon als Babys unterscheiden sich die Menschen durch ihre Geschlechtsorgane. Die äußeren Geschlechtsorgane der Jungen, Hoden und Penis, sind bereits nach der Geburt gut zu erkennen. In den Hoden werden die Spermien gebildet und ein Hormon, das zum Wachstum für einen Mann wichtig ist. Beim Mädchen liegen die Geschlechtsorgane überwiegend im Unterleib verborgen. Eierstöcke, Eileiter, Gebärmutter und Scheide sind untereinander mit Muskelbändern verbunden und an den Beckenknochen befestigt. Außen sieht man nur die großen und kleinen Schamlippen mit dem Kitzler. Hier, in den Scheidenvorhof, mündet auch die Harnröhre.

Die Pubertät: Der Körper verändert sich

Zehn bis zwölf Jahre sind Jungen und Mädchen die besten Freunde. Doch dann verändert sich etwas, die sogenannte Pubertät beginnt. Zuerst merkt man es an den Launen und Stimmungen. Mädchen tuscheln öfter mit der besten Freundin, probieren neue Klamotten und tauschen Schminktipps aus. Manchmal schauen sie ältere Jungen mit so einem merkwürdigen Blick an. Die meisten Jungen hingegen sind mit sich selbst beschäftigt. Gemeinsam mit ihren Kumpels stellen sie allerhand Blödsinn an und zu Hause gibt es oft Streit mit den Eltern. Die Musik ist zu laut, die Kleidung zu schlampig, das Zimmer ein einziges Chaos. Keine Sorge, in der Pubertät ist das bei Jungen und Mädchen völlig normal.

Mit dem Beginn der Pubertät werden viele verschiedene Hormone im Körper produziert, die ihn verändern und auch auf die Stimmung schlagen. Beim Jungen wachsen die Geschlechtsorgane und werden behaart. Der Bart beginnt zu sprießen, die Stimme wird tiefer und der Körper streckt sich. In den Hoden reifen Spermien heran. Beim Mädchen findet jetzt einmal im Monat der sogenannte Eisprung statt. Es kommt nun zur ersten Monatsblutung. Damit stößt der weibliche Körper regelmäßig ein Ei ab, das nicht befruchtet wurde. Die Mädchen haben ihre Periode.

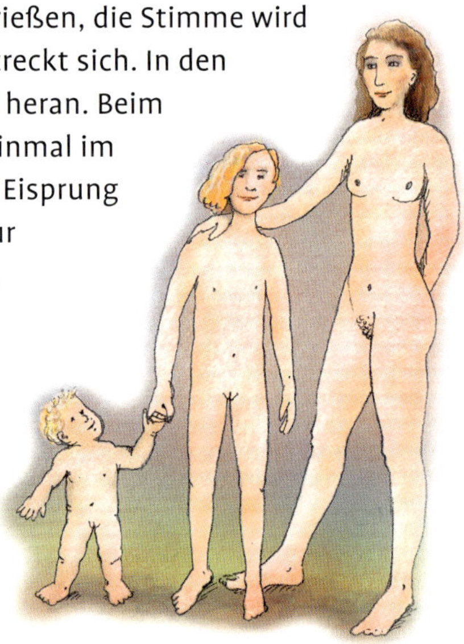

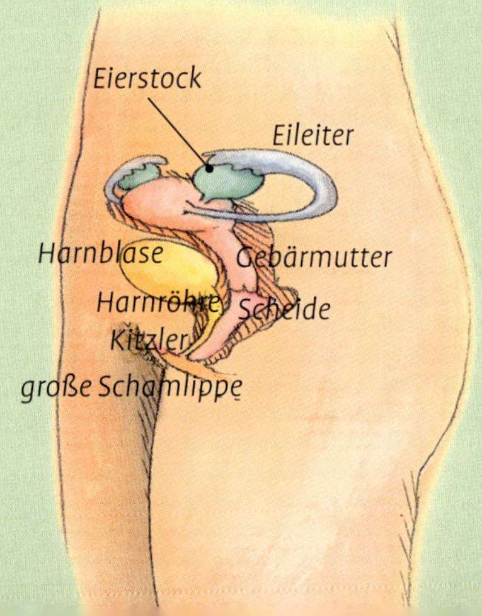

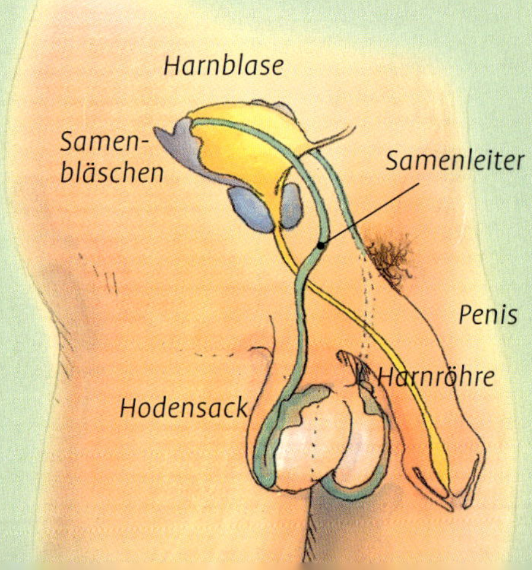

Das erste Mal verliebt: Mit dem besonderen „Kribbeln im Bauch“ geht es zur gemeinsamen Verabredung.

Auch die Brust bildet sich aus, der Körper wird weicher und das Becken (die Gegend um den Po herum) wird breiter. Die Mädchen könnten nun ein Kind bekommen.

Verliebt, verlobt, verheiratet?

In der Pubertät verlieben sich Jungen und Mädchen oft zum ersten Mal. Sie lernen dabei sich und den Partner auf völlig neue Art und Weise kennen. Früher oder später kommt es dann zum ersten Geschlechtsverkehr. Wer von Geschlechtsverkehr spricht, meint damit die körperliche Liebe. Wenn Mann und Frau sich lieben, dann möchten sie sich auch berühren, streicheln und küssen. Als Höhepunkt solcher Liebesspiele vereinen sich Mann und Frau. Der Penis des Mannes dringt in die Scheide der Frau ein. Dabei tritt aus dem Penis eine Flüssigkeit aus, die Spermien, die dadurch in die Gebärmutter der Frau gelangen und ein Ei befruchten können. So kann ein Kind entstehen.

Paare, die sich lieben und zusammenbleiben möchten, heiraten manchmal. Andere wiederum leben auch ohne Hochzeit zusammen.

Weißt du’s?

1 Wie nennt man die Entwicklungszeit zum Erwachsenen?

- Zickenzeit
- Pubertät
- Flausenzeit
- Geschlechterzeit

2 In welchem Organ werden die Spermien gebildet?

- Eierstock
- Eileiter
- Hoden
- Harnröhre

3 Wie wird die Pubertät ausgelöst?

- Durch Hormone
- Durch Stimmungen
- Durch Wachstum
- Durch Eisprung

1. Pubertät 2. Hoden 3. Hormone

Verhütung: Wunschkinder sind gefragt

Die körperliche Liebe ist etwas sehr Schönes, aber sie birgt immer auch das Risiko, dass dabei ein Kind entsteht. Weil man heute selbst entscheiden will, wann man ein Kind bekommen möchte, kann man zwischen verschiedenen Verhütungsmethoden wählen. Es gibt dabei Dinge, die nur von Frauen angewendet werden und andere, die nur für Männer geeignet sind. Frauen können eine ungewollte Schwangerschaft zum Beispiel durch die Pille verhindern. Männer benutzen zur Verhütung eine dünne Gummihaut, die über den Penis gezogen wird. Dieses sogenannte Kondom schützt zusätzlich auch vor Krankheiten, die beim Geschlechtsverkehr übertragen werden können. Zum Beispiel vor Aids. Doch Paare, die sich lieben, wollen oft auch Kinder haben. Wie das funktioniert, steht auf der nächsten Seite.

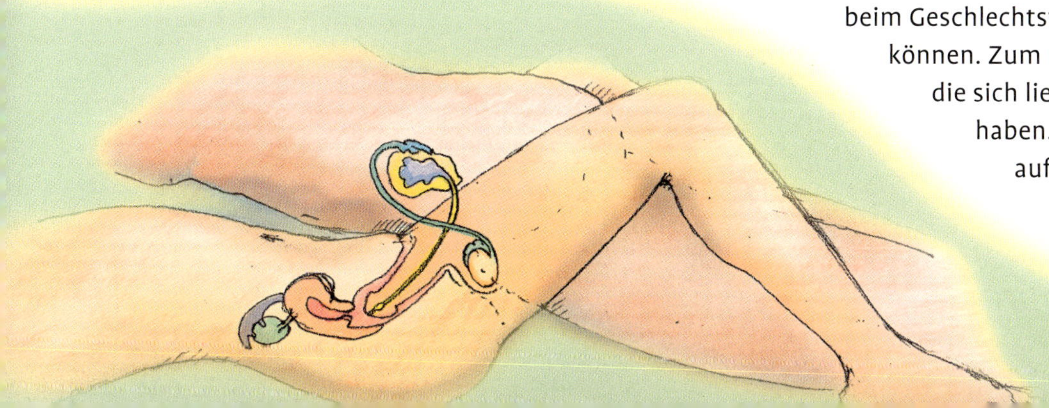

EIN BABY WÄCHST HERAN

Was ist eigentlich ein Baby?

Eigentlich eine dumme Frage, denn was ein Baby ist, weiß jedes Kind. Das Wort „Baby" – und das wissen vielleicht doch nicht alle – kommt aus der englischen Sprache und bedeutet „kleines Kind". Weil es ein englisches Wort ist, schreibt man es auch anders, als man es ausspricht.

Wie entstehen Kinder?

In einem der beiden Eierstöcke einer Frau entwickelt sich innerhalb eines Monats eine Eizelle. Wenn ein Mann und eine Frau miteinander schlafen, gelangen die Samen des Mannes in die Scheide der Frau. Die Samenzellen schwimmen bis zur Gebärmutter und gelangen von dort in die Eileiter. Befindet sich dort gerade eine Eizelle, die ja alle vier Wochen aus dem Eierstock gestoßen wird und auf dem Weg zur Gebärmutter ist, so verbindet diese sich mit der Samenzelle. Diese Verschmelzung ist die Zeugung. Dann ist die Frau schwanger. Nach neun Monaten Schwangerschaft wird ein Kind geboren.

Was ist eine Schwangerschaft?

Als Schwangerschaft bezeichnet man den Zeitraum von der Zeugung eines Kindes bis zu seiner Geburt. Das dauert ungefähr neun Monate. Während dieser neun Monate entwickelt sich ein Kind. In den ersten Wochen ist es nicht mehr als ein Zellhäufchen. Bis zur 8. Woche bezeichnet man das ungeborene Kind als Embryo. Im zweiten Monat wird es dann Fötus genannt und ist ungefähr vier Zentimeter groß.

Während der ganzen Schwangerschaft wird das Baby im Bauch der Mutter gut versorgt. Es schwimmt in einer Hülle, die man Fruchtblase nennt und die mit Flüssigkeit (dem Fruchtwasser) gefüllt ist. Versorgt wird der Winzling über die Nabelschnur. Sie transportiert Nahrung und Sauerstoff zum Fötus.

Etwa im vierten Monat beginnt das Baby sich zu bewegen. Im Laufe der Schwangerschaft werden seine Bewegungen so heftig, dass man sie durch die Bauchdecke hindurch spüren kann. Das Kind kann in dieser Zeit auch schon Geräusche wahrnehmen und Musik hören. Es kennt bald die Stimme der Mutter und der Menschen, die ständig um sie herum sind.

Nach etwa neun Monaten ist das Kind voll entwickelt und bereit, geboren zu werden.

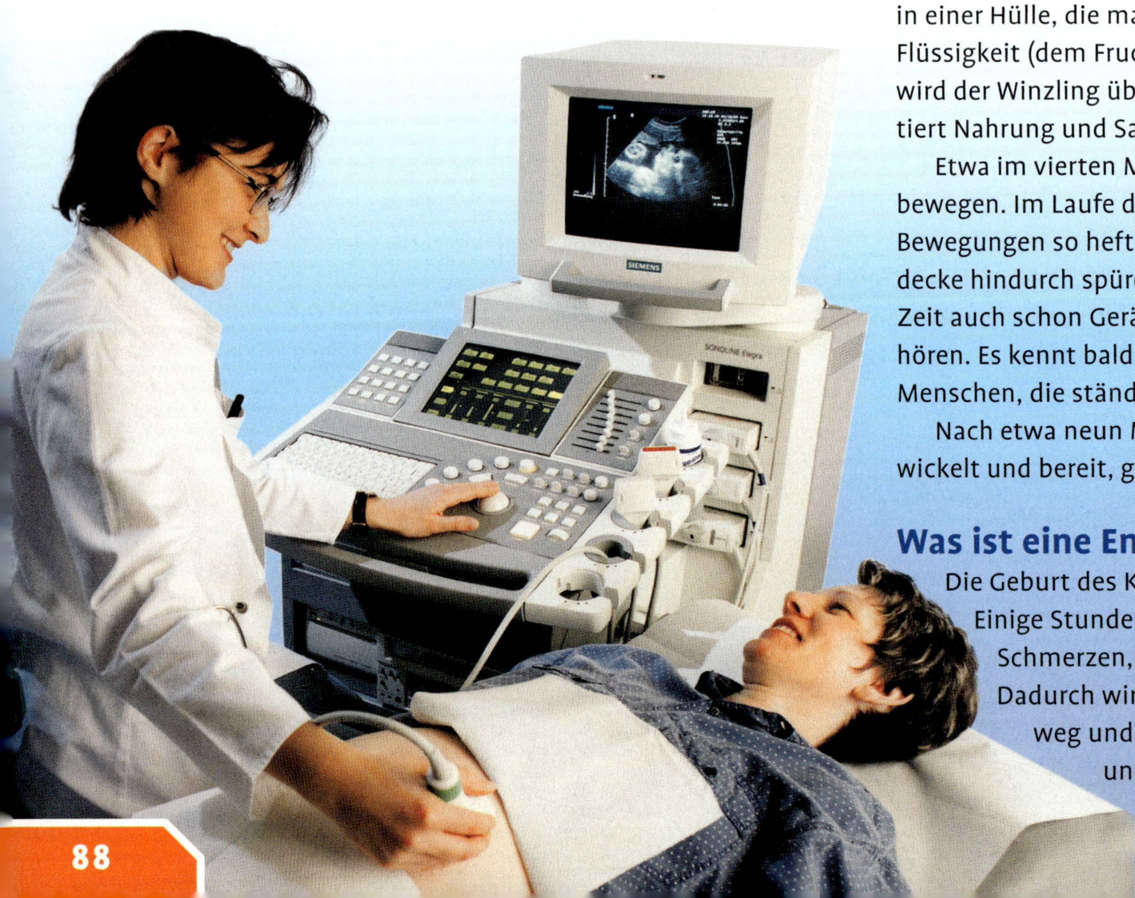

Was ist eine Entbindung?

Die Geburt des Kindes nennt man Entbindung. Einige Stunden zuvor spürt die Mutter heftige Schmerzen, die man auch Wehen nennt. Dadurch wird das Kind durch den Geburtsweg und die Scheide gepresst. Ein Arzt und/oder eine Hebamme helfen der

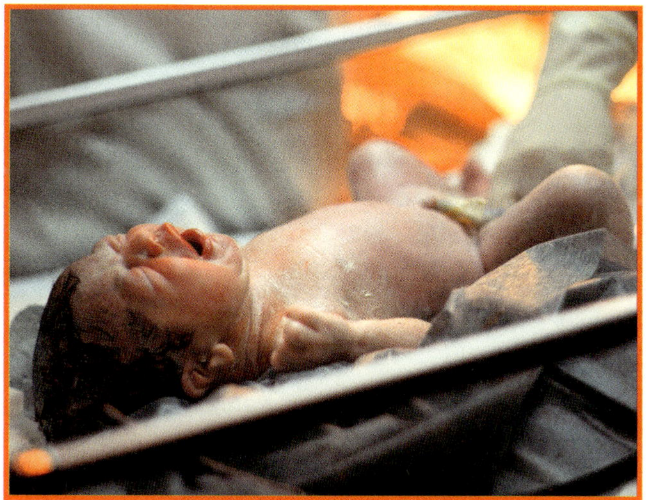

Direkt nach der Geburt: Die Babys sind noch winzig klein und völlig hilflos.

Weißt du's?

1 Wie bezeichnet man ein ungeborenes Kind ab der 8. Woche?

- Embryo
- Baby
- Fötus
- Zelle

2 Was ist ein Kaiserschnitt?

- Ein geschnittener Kaiserschmarrn
- Eine Herrenfrisur
- Ein Schnittmuster für Schneiderinnen
- Eine Entbindung durch Operation

3 Wodurch erhält der Fötus Nahrung?

- Pipeline
- Nabelschnur
- Flasche
- Fruchtwasser

1. Fötus 2. Entbindung durch Operation 3. Nabelschnur

Frau in dieser Zeit und schauen, ob es Mutter und Kind gut geht. Auch die Väter können bei der Geburt dabei sein. Ist das Kind geboren, wird die Nabelschnur, die Mutter und Kind verbindet, durchtrennt. Jetzt beginnt das Baby selbstständig zu atmen.

Geht es mit der Geburt zu langsam voran oder geraten Mutter und/oder Kind dabei in Schwierigkeiten, können die Ärzte das Baby auch durch einen Bauchschnitt auf die Welt bringen. Diese Operation nennt man Kaiserschnitt.

Was dürfen Babys essen?

Nach der Geburt füllt sich die Brust der Mutter mit Milch und wird größer. Das Baby ernährt sich von dieser Muttermilch. Um an die Milch zu kommen, muss das Baby an der Brust heftig saugen. Das Kind wird dann gestillt.

Manche Frauen können nicht genug Milch produzieren, um ihr Kind satt zu bekommen. Dann können Babys auch mit spezieller Babymilch gefüttert werden. Wenn das Baby größer wird, braucht es keine Muttermilch mehr. Bis es allerdings die ersten Zähne hat, muss es sich noch von flüssiger Nahrung ernähren.

Was können Babys?

Sie können alles, was sie zum Überleben brauchen. Das ist eine ganze Menge, aber nichts im Vergleich dazu, was sie noch alles lernen müssen. Für ältere Kinder sind Babys erst einmal ziemlich langweilig. Sie schlafen viel und brüllen manchmal. Erst mit drei Monaten können Babys ihren Kopf selbstständig halten, denn er ist recht schwer. Dann lernen sie das Umdrehen und später das Sitzen (mit etwa acht Monaten). Krabbeln können Babys zumeist mit zehn Monaten. Bis sie aber laufen und reden lernen, dauert es noch etwas länger.

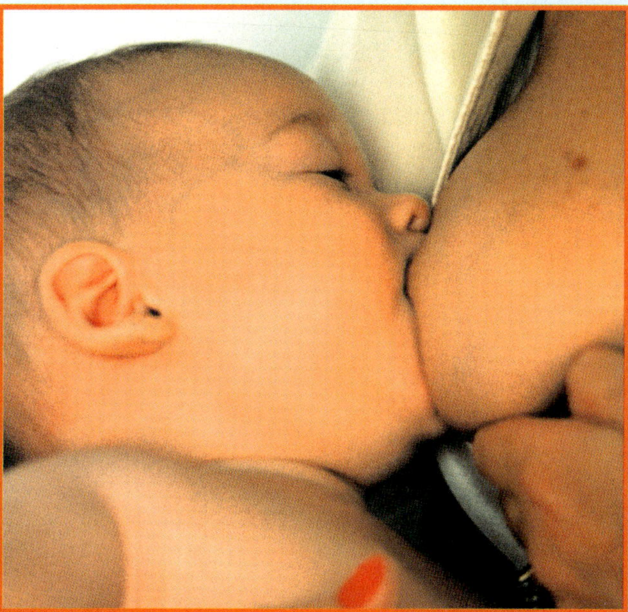

Die natürliche Babynahrung ist die Muttermilch direkt aus der Brust. Um an die Milch zu kommen, müssen die „Kleinen" kräftig saugen.

BEHINDERUNG

Was bedeutet es eigentlich, behindert zu sein?

Behinderte Personen sind Menschen, die durch eine angeborene oder plötzlich auftretende Erkrankung, einen Geburtsfehler, einen Unfall oder durch ein seelisches Leiden häufig oder auch für immer auf die Hilfe ihrer Mitmenschen angewiesen sind. Eine Behinderung hat viele Gesichter und dahinter verbergen sich viele, oft traurige Geschichten. Ebenso ist es mit der Hilfe, die jemand braucht. Denn: Nicht immer kann man eine Behinderung sehen, nicht immer ist sie offensichtlich, aber der Wunsch vieler Behinderten ist es, ein möglichst „normales“ Leben zu führen.

Welche „offensichtlichen“ Behinderungen gibt es?

Klar, wenn jemand im Rollstuhl sitzt, ist er behindert. Offensichtliche Behinderungen wirken oft schockierend auf andere und man traut sich gar nicht richtig hinzuschauen. Doch auch wenn man den Rollstuhl sehen kann, so kennt man doch noch nicht den Grund für die Behinderung. Möglich ist, dass ein Junge im Rollstuhl sitzt, weil seine Muskeln von einer ernsthaften Krankheit befallen sind, die ihn schwächt. Aber möglich ist auch, dass er einen Unfall hatte, bei dem die Wirbelsäule beschädigt wurde. Manchen Kindern steht ihre Behinderung ins Gesicht geschrieben. Sie sehen anders aus und benehmen sich anders. Viele von diesen behinderten Kindern sind es schon von Geburt an. Sie bringen ihre Behinderung mit auf die Welt. Da gibt es beispielsweise die Kinder mit Down-Syndrom. Die Ursache für ihre Behinderung ist ein Fehler in den Genen. Down-Kinder (auch Mongoloide genannt) sind sehr freundlich und nett. Sie sind jedoch nicht so schnell wie andere und brauchen gezielte Hilfe, um lesen, schreiben und rechnen zu lernen. Einziges offensichtliches Merkmal ihrer Behinderung sind die schräg gestellten Augen.

Welche „verborgenen“ Behinderungen gibt es bei Kindern?

Behinderung ist ein dehnbarer Begriff. Im Prinzip könnte man darunter auch alle Erkrankungen zusammenfassen, die ein „normales“ Leben nicht möglich machen. In diesem Sinne sind beispielsweise auch Kinder mit angeborenen Herzfehlern oder Kinder, die Krebs haben, behindert. Das bedeutet, dass sie ein Leben unter ganz bestimmten, fest vorgegebenen Regeln führen müssen. Häufig müssen sie regelmäßig Medikamente nehmen, um ihre Krankheit im Griff zu halten, oder dürfen nur eine ausgewählte Nahrung zu sich nehmen.

Behinderte sind Menschen wie du und ich. Zusammen mit anderen haben sie viel Spaß.

Viele Behinderungen sind offensichtlich, zum Beispiel, wenn ein Kind im Rollstuhl sitzt.

Sind alle Behinderungen angeboren?

Nein, das sind sie nicht. Viele Behinderungen, auch bei Kindern, entstehen erst im Laufe der Jahre oder treten plötzlich, beispielsweise als Folge eines Unfalls, auf. Unfälle, an denen Kinder beteiligt sind, gibt es leider sehr oft – und noch viel trauriger ist es, dass viele ihrer bleibenden Behinderungen nicht hätten sein müssen.

Wer beispielsweise ohne Helm aufs Fahrrad steigt, ist sehr leichtsinnig. Bei einem Unfall kommt man dann nur selten mit leichten Verletzungen davon. Ist der Kopf betroffen, kann eine lebenslange Behinderung der Fall sein.

Auch ganz schön gefährlich ist das Inline-Skaten ohne die empfohlene Schutzkleidung. Sind Knie oder Handgelenke nach einem Sturz erst mal verletzt, können lebenslange Schmerzen die Folge sein.

Lesen, ohne zu sehen. Blinde Kinder lernen schon früh, mit der Blindenschrift zu lesen.

INFO!

Integrative Schulen – gemeinsam stark!

Um behinderte Kinder bestmöglich fördern zu können, schickt man sie in besondere Kindergärten oder spezielle Schulen. Das ist gut und richtig, doch manche Experten behaupten, dass ein Stück normales Leben dabei verlorengeht. Einen Mittelweg zwischen spezieller Förderung und gemeinschaftlichem Lernen versucht man an den sogenannten „integrativen Schulen". Dort gibt es kleinere Klassen, in denen neben nicht-behinderten auch behinderte Kinder auf der Schulbank sitzen. Der positive Nebeneffekt: Beide Seiten können voneinander lernen!

Nicht wegschauen, sondern helfen!

Wenn wir behinderten Menschen im Alltag begegnen, schauen wir lieber weg als hin. Es ist Nicht-Behinderten irgendwie peinlich, gesund zu sein. Das ist eigentlich ziemlich dumm, denn wir können vieles, was Behinderte nicht können: beispielsweise helfen. Am meisten hilft man, wenn man sein Verhalten nicht künstlich verändert, sondern sich so verhält wie immer. Falsche Rücksichtnahme oder gar Mitleid können Behinderte nämlich gar nicht gut ertragen.

Man sollte besser versuchen, den Menschen hinter der Behinderung zu entdecken. Denn behinderte Kinder sind keine Sorgenkinder, sondern ganz besondere Menschenkinder.

Eine körperliche Behinderung kann jeden treffen, besonders Sportunfälle können fatale Folgen haben.

ERNÄHRUNG

Warum müssen wir essen?

So wie ein Mensch atmen muss, um zu leben, so muss er auch essen und trinken. Nahrung enthält viele Stoffe, die der Körper braucht, um Energie zu gewinnen, zu wachsen und sich zu erneuern. Auch um gesund zu bleiben, braucht der Körper Nahrung. Wichtig sind die Stoffe, die in dem Essen enthalten sind. Nährstoffe, Vitamine und Mineralien erhält der Körper aus Lebensmitteln, die von Tieren stammen (Fleisch, Eier, Milch und Fisch) und aus pflanzlichen Produkten wie Obst und Gemüse. Außerdem braucht der Organismus Wasser und Salz.

Essen ist also lebenswichtig. Allerdings sollte man nicht irgendetwas essen, sondern auf eine gesunde Ernährung achten.

Was bringt Energie?

Unsere Nahrung setzt sich aus verschiedenen Stoffen zusammen. Das sind die Wichtigsten:

Kohlenhydrate. Das sind Zucker und Stärke. Was Zucker ist, weiß jedes Kind. Stärke muss man sich als eine lange Kette aus Zuckerstücken vorstellen. Bei der Verdauung wird diese Zuckerkette geknackt und in ihre Bestandteile zerlegt. Stärke ist in Mehl, Brot, Kartoffeln, Nudeln und Reis enthalten. Kohlenhydrate liefern dem Körper schnell Energie.

Fette. Noch so ein Energielieferant sind Fette. Allerdings braucht der Körper davon nicht so viel. Das, was zuviel ist, wird als Reserve in Fettpölsterchen gespeichert. Fett ist zum Beispiel in Öl, Käse, Sahne, Butter, Nüssen, Fleisch und Wurst enthalten.

Eiweiße. Die Fachleute nennen sie auch Proteine – und das sind wichtige Bausteine für jede einzelne Körperzelle. Wir brauchen sie also zum Wachsen. Sie sind in Fleisch, Milchprodukten, Eiern und Hülsenfrüchten (zum Beispiel Erbsen oder Bohnen) enthalten.

Außerdem brauchen wir noch:

Vitamine. Das sind lebenswichtige Wirkstoffe, die der Körper nicht selbst bilden kann. Sie sind in frischem Obst, Gemüse und Salat enthalten. Fehlen dem Körper Vitamine, wird er krank. Am besten ist es, wenn man jeden Tag zum Beispiel einen Apfel isst.

Mineralstoffe. Davon gibt es viele unterschiedliche. Natrium und Kalium brauchen die Zellen, Calcium und Phosphat sind gut für die Knochen. Eisen brauchen wir, um Blut zu bilden und Jod tut der Schilddrüse gut. Wer sich abwechslungsreich ernährt, nimmt all diese Stoffe zu sich.

Was ist eine ausgewogene Ernährung?

Um Energie zu gewinnen, braucht der Körper täglich Kohlenhydrate und Fette. Um gesund zu bleiben, sind

Cornflakes und Müsli sind ein gesundes Frühstück. Sie enthalten viele Ballaststoffe.

Alle Kinder lieben Schokolade. Doch der viele Zucker macht dick und sorgt für schlechte Zähne.

Das Pausenbrot sollte stets abwechslungsreich und gesund sein. Schokoriegel haben hier nichts zu suchen.

Die gesunde Ernährung hat viele wichtige Bausteine: Kohlenhydrate, Eiweiße, Fette und Ballaststoffe.

Weißt du's?

1 Worin ist viel Fett enthalten?
- Nudeln
- Reis
- Wurst
- Brot

2 Welche Getränke löschen den Durst am besten?
- Wasser und Tee
- Limonade und Cola
- Fruchtsaft und Milch
- Wein und Bier

3 Welche wichtigen Stoffe sind in Obst enthalten?
- Vitamine
- Fette
- Zucker
- Stärke

1. Wurst 2. Wasser und Tee 3. Vitamine

außerdem Proteine, Mineralien und Vitamine wichtig. Eine ausgewogene Ernährung gibt dem Körper alle Stoffe, die er braucht, in genau der richtigen Menge. Das bedeutet: viel Obst, Gemüse, Vollkorn- und Milchprodukte und Fleisch in kleinen Mengen.

Nimmt man mit der Nahrung jedoch zu viel Fett oder Kohlenhydrate zu sich, wird der Überschuss in Fett umgewandelt und gespeichert. Geht das eine ganze Zeit lang so, wird man dick.

Trinkst Du genug?

Unser Körper besteht zu mehr als der Hälfte aus Wasser! Das verlieren wir ständig wieder, denn die Nieren brauchen ausreichend Flüssigkeit, um Abfallstoffe aus dem Körper auszuspülen. Auch durch Schwitzen und über die Atmung wird Wasser ausgeschieden. An heißen Tagen oder nach großen Anstrengungen müssen wir deshalb sehr viel trinken. Am besten mehrere Liter täglich. Am gesündesten sind Mineralwasser und Kräutertees. Limonaden und Fruchtsäfte enthalten neben der Flüssigkeit auch noch viel Zucker und der ist ungesund.

Der Körper braucht mindestens zwei Liter Flüssigkeit am Tag, doch die meisten Menschen trinken zu wenig.

Viel zu viel Zucker!

Alle Kinder lieben Süßigkeiten. Für die Gesundheit ist das gar nicht gut. Zum einen schadet Zucker den Zähnen und zum anderen macht zu viel Zucker dick. Zucker ist in allen Naschereien enthalten, die süß schmecken. Also beispielsweise ebenso in Schokolade und Bonbons wie in Gummibärchen und Pudding. Auch Kuchen und Eis enthalten Zucker.

Kuchen, Torten, Süßigkeiten – kaum einer kann da widerstehen, obwohl es so ungesund ist.

GESUNDHEIT

Wie funktioniert unser Körper?

Jeder Mensch ist einzigartig, kein Mensch gleicht in Größe oder Aussehen genau einem anderen. Und doch haben alle etwas gemeinsam: Die Körper sind alle gleich aufgebaut, egal ob man groß oder klein, dick oder dünn, weiß oder schwarz ist. Der menschliche Körper lässt sich mit einer lebenden Fabrik vergleichen. Darin arbeiten Millionen von Arbeitern, das sind die Körperzellen. Jede Zelle hat ihr Aufgabengebiet und kann irgendetwas ganz besonders gut. Zellen, die im Körper die gleiche Arbeit verrichten, bilden zusammen ein Körperteil oder Organ. Alle Körperteile und Organe wiederum sind in ihrer Arbeit aufeinander abgestimmt, nur so kann die „Fabrik Mensch" reibungslos funktionieren. Dann ist der Mensch gesund.

Welches sind die wichtigsten Bestandteile des Körpers?

Innerhalb eines Körpers lässt sich nicht unterscheiden, wer oder was wichtig oder unwichtig ist. Jedes Organ und jeder Körperteil hat seine spezielle Aufgabe und ist insgesamt für die Funktion des ganzen Körpers notwendig. Der Körper wird getragen von 206 Knochen, alle zusammen bilden das Skelett. Als Verbindung zwischen den einzelnen Knochen gibt es Gelenke und Muskeln, die den Körper beweglich machen. Damit der Mensch sich so bewegen kann, wie er will, werden Bewegungen vom Gehirn gesteuert. Das Gehirn sitzt im Kopf und ist durch den Schädelknochen gut geschützt. Es steuert und kontrolliert alle Vorgänge im Körper. Mit dem Gehirn können wir denken, lernen, sehen, hören, fühlen und uns erinnern. Manche Vorgänge im Körper laufen aber auch quasi automatisch ab und lassen sich nicht beeinflussen. Atmung und Herzschlag beispielsweise kann man nicht durch den Willen beeinflussen – beide sind lebensnotwendig.

Im Innern des Körpers gibt es verschiedene Organe. Wie zum Beispiel das Herz, das durch regelmäßiges Pumpen das Blut durch den Körper schickt. Magen und Darm sind für die Ernährung des Körpers zuständig. Die Lungen versorgen den Organismus mit Sauerstoff und die Nieren scheiden Abfallstoffe aus, die der Körper nicht mehr braucht.

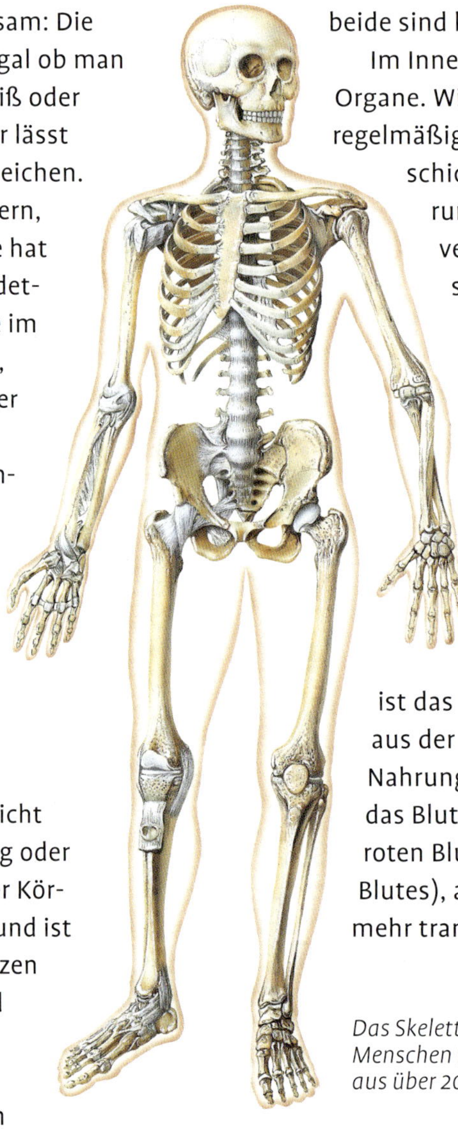

Das Skelett des Menschen besteht aus über 200 Knochen.

Wozu brauchen wir Blut?

Das Blut ist eine rote Flüssigkeit, die durch Blutbahnen vom Herzen an jede Stelle des Körpers gepumpt wird. Auf dem Weg zu den einzelnen Körperzellen fließt das Blut durch Adern, die man Arterien nennt. Dann ist das Blut beladen mit frischem Sauerstoff aus der Lunge und Nährstoffen, die aus der Nahrung stammen. Von den Zellen weg fließt das Blut durch die sogenannten Venen. Weil die roten Blutkörperchen (das sind Bestandteile des Blutes), auf dem Rückweg keinen Sauerstoff mehr transportieren und nur Schadstoffe entsor-

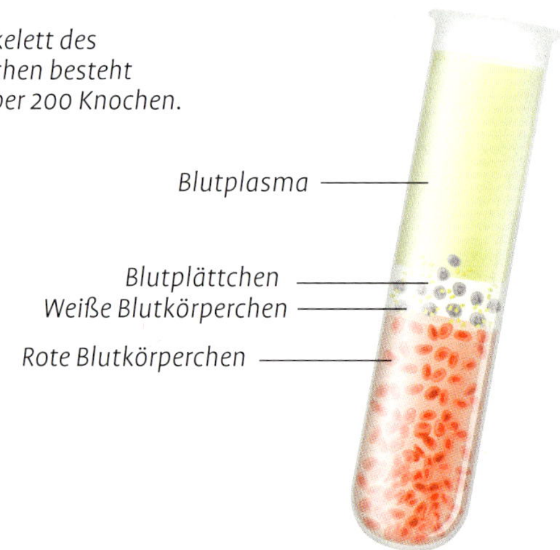

So manche Erkältung beginnt mit einem Schnupfen. Eine vitaminhaltige Ernährung ist oft ein guter Schutz gegen Erkältungskrankheiten.

gen, werden die roten Blutkörperchen blau. Das können wir aber nicht sehen, denn „blaues“ Blut wird wieder rot, wenn es mit Sauerstoff (also Luft) in Verbindung kommt.

Was braucht der Mensch zum Leben?

Damit der Mensch gesund bleibt, muss er seinen Körper regelmäßig mit den Stoffen versorgen, die dieser zum Funktionieren braucht. Das sind natürlich Nahrung und Flüssigkeit. Beides muss in der richtigen Menge und der richtigen Zusammensetzung dem Körper zugeführt werden. Am wichtigsten ist jedoch für den gesunden Körper der Sauerstoff, der durch die Atmung in den Körper kommt. Beim Atmen ziehen wir Luft durch Nase und Mund in den Körper bis hinab in die Lunge. Dabei hilft das Zwerchfell (das ist ein Muskel, der unter der Lunge liegt). Bewegt es sich nach unten, saugen wir Luft ein, wölbt es sich nach oben, presst es dadurch Luft heraus.

Die Luft, die wir atmen, enthält Sauerstoff. Das ist ein Gas, das der Mensch zum Leben unbedingt braucht. In der Lunge nimmt das Blut den Sauerstoff aus der eingeatmeten Luft auf und transportiert ihn in alle Teile des Körpers. Dort verwandeln die Zellen den Sauerstoff in Energie. Wer sich schnell bewegt oder schwer arbeitet, braucht mehr Energie und muss deshalb schneller und tiefer einatmen.

Mach mit!

Atmung

Schneide von einer großen Plastikflasche den Boden ab. Diese ist der Brustraum. Spanne die obere Hälfte eines halbierten Luftballons darüber und klebe ihn am Rand mit Klebestreifen fest. Das ist das Zwerchfell. Der Ballonnippel ist in der Mitte, er wird zusammengeknotet. Durch den Flaschenhals steckst du zwei Röhrchen (z.B. leere Kulihülsen). An denen ist innen je ein Luftballon dicht befestigt (mit Faden und Klebeband). Sie sind die Lungenflügel. Dichte nun die Röhrchen mit Knete im Flaschenhals ab. Ziehst du am Zwerchfell, wird der Brustraum größer. Luft strömt in die Ballonlungen, sie dehnen sich aus.

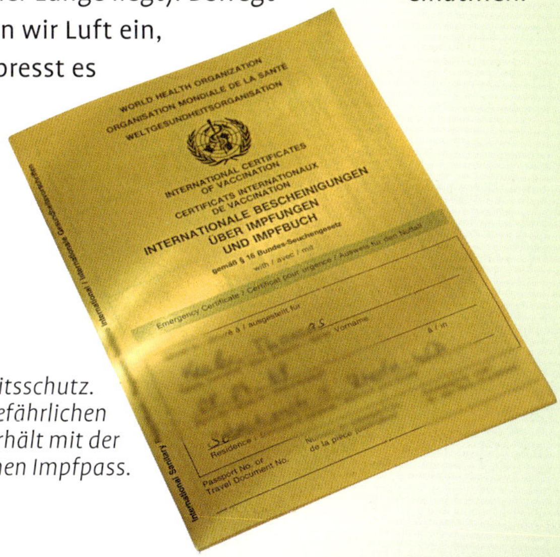

Impfen ist der beste Gesundheitsschutz. Der kleine Pieks schützt vor gefährlichen Krankheiten. Jedes Kind erhält mit der ersten Impfung einen Impfpass.

Wer regelmäßig Sport treibt, kräftigt die Muskulatur und stärkt das Herz und den Kreislauf.

KINDERARZT UND KRANKENHAUS

Warum gehen Kinder zum Kinderarzt?

Der Kinderarzt, das denken viele, ist Spezialist für Kinderkrankheiten. Das ist richtig, aber der Kinderarzt kennt sich auch auf anderen Gebieten gut aus. Im Prinzip ist er so etwas Ähnliches wie ein Hausarzt. Man kann mit allen möglichen Wehwehchen zu ihm gehen. Die meisten Kinder kennen ihn gut, weil sie dort regelmäßig zu den sogenannten Vorsorgeuntersuchungen erscheinen müssen. (An die Untersuchung vor der Einschulung kann sich sicher jeder noch gut erinnern.) Bei diesen Vorsorgeuntersuchungen prüft der Arzt, ob die Kinder richtig wachsen und sich der Körper gesund entwickelt. Wachstum ist zwar keine Krankheit, doch der Körper reagiert in dieser Zeit oft ganz eigenartig. Und gerade auf solche Wachstumsprobleme ist ein Kinderarzt eben auch spezialisiert.

Übrigens: Wer denkt, er sei schon zu alt für den Kinderarzt, der täuscht sich zumeist. Die Kinderärzte sind auch Jugendärzte, denn solange man nicht erwachsen ist, braucht man einen Experten, der für die Gesundheit sorgt.

Bekommen Kinder die gleichen Medikamente wie Erwachsene?

Meistens nicht, denn die wären viel zu stark und könnten den Kindern mehr schaden als nutzen. Kindermedikamente sind anders dosiert und müssen oft anders angewendet werden. Natürlich versucht ein Kinderarzt, möglichst schonend zu helfen. Außerdem nimmt er sich mehr Zeit für seine Patienten und versteht, wenn man Angst vor Untersuchungen oder Spritzen hat.

Warum schmeckt Medizin oft so bitter?

Wer krank ist, muss Medikamente nehmen. In den meisten Fällen geht es leider nicht ohne. Doch für Kinder ist das ziemlich schlimm, denn zumeist schmeckt das Zeug ja wirklich scheußlich. Der eklige Geschmack kommt übrigens daher, dass in Medikamenten wirksame Stoffe enthalten sind, die aber grauenhaft riechen und schmecken. Zwar versucht man, diese Stoffe mit anderen so zu mischen, dass man es ertragen kann, aber zu viele Geschmacksstoffe dürfen nicht drin sein, sonst wirkt die Medizin nicht richtig.

Warum sollte man sich impfen lassen?

Ein anderer wichtiger Job des Kinderarztes ist es, Krankheiten zu vermeiden. Das betrifft vor allem Kinderkrankheiten. Auch wenn sie sich nicht schlimm anhören, so können sie doch böse Folgen haben.

Moderne medizinische Geräte helfen, die richtige Diagnose zu stellen.

Der gebrochene Fuß wird im Krankenhaus geröntgt und dann gegipst, meistens kann man schon am selben Tag wieder nach Hause.

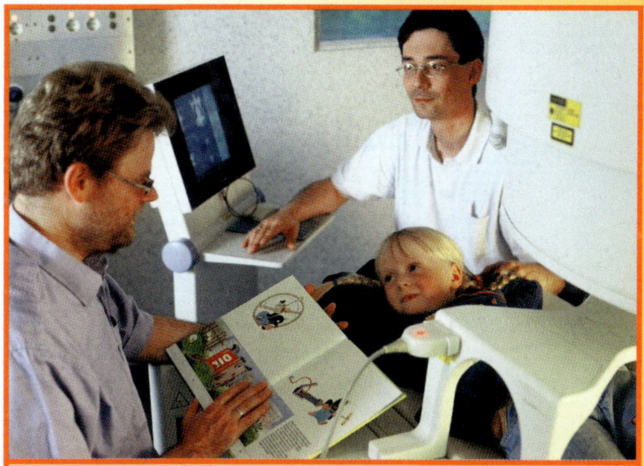

Kinder werden so schonend wie möglich behandelt. Hier mit einem neuen Gerät zur Erkennung von Lungenerkrankungen.

Zum Glück kann man sich gegen Kinderkrankheiten schützen – und zwar durch Impfungen. Dabei bekommt man ganz wenige abgetötete oder abgeschwächte Krankheitserreger gespritzt, die dann das Immunsystem (das sind die körpereigenen Abwehrkräfte) so programmieren, dass es die eigentlichen Krankmacher schon abwehrt, bevor sie im Körper Schaden anrichten können.

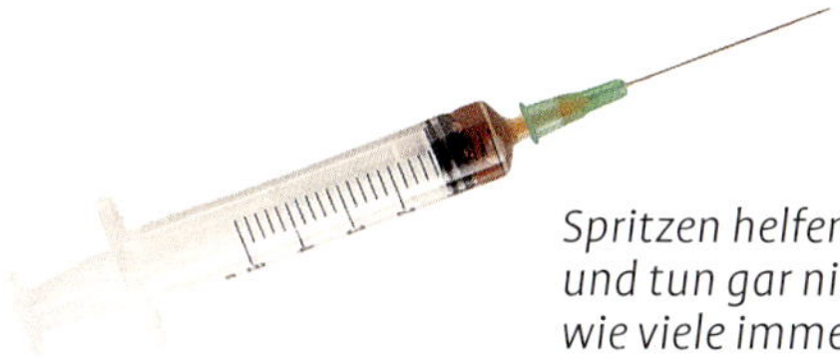

Spritzen helfen schnell und tun gar nicht so weh, wie viele immer denken.

Wann muss man ins Krankenhaus?

Kinder müssen ins Krankenhaus, wenn sie ernsthaft krank sind, so dass sie zu Hause nicht ausreichend gepflegt werden können. Im Krankenhaus auf der Kinderstation sind rund um die Uhr Ärzte und Pfleger zur Stelle, um richtig zu helfen.

Auch wer operiert werden muss oder nach einem Unfall eine Gehirnerschütterung hat, muss ins Krankenhaus. Nur dort ist eine richtige Versorgung möglich – und das kann unter Umständen Leben retten.

Welche Abteilungen gibt es im Krankenhaus?

Wenn Kinder ins Krankenhaus müssen, so werden sie auf eine spezielle Kinderstation gebracht oder kommen gleich in ein Kinderkrankenhaus. Dort gibt es Ärzte und Schwestern, die sich mit kranken Kindern gut auskennen; oftmals kann auch ein Elternteil im Krankenhaus übernachten. Darüber hinaus sind die Abteilungen eines Krankenhauses nach den Krankheiten unterteilt, die die Patienten haben. So liegen also beispielsweise alle Menschen, die sich etwas gebrochen haben oder Probleme mit den Knochen haben, auf der chirurgischen Station.

Auf der Entbindungsstation wiederum liegen Frauen, die ein Kind bekommen oder es gerade geboren haben. Insofern waren die meisten Kinder hierzulande mindestens schon einmal in einer Klinik.

INFO!

Alles klar mit den Zähnen?

Neben dem Kinderarzt kennen die meisten den Zahnarzt wohl am besten. Er sorgt für gesunde Zähne und repariert sie, wenn sie krank sind oder Löcher haben. Mindestens zweimal im Jahr sollte man zum Zahnarzt gehen, um seine Zähne überprüfen zu lassen. Karies (das sind Bakterien, die die Zähne angreifen) breitet sich schnell aus und das ist dann sehr schmerzhaft. Viele Kinder müssen auch eine Zahnspange tragen, um die bleibenden Zähne in die richtige Stellung zu bringen. Dafür ist dann der Kieferorthopäde da.

1 Affenbande

Im Urwald ist die Hölle los. Während die Affenfamilie sich von Ast zu Ast schwingt, hat sich ein Steinzeitmensch dazwischen gemogelt. Kannst du ihn entdecken?

2 Familienpizza

Franko hat ein Problem. Er soll diese große Familienpizza mit drei Schnitten so teilen, dass sieben Personen jeweils ein Stück bekommen. Auf jedem Stück muss eine Olive, eine Salami und eine Peperoni sein. Wie macht er das?

3 Einer muss raus!

In beiden Reihen passt ein Foto nicht zu den anderen.

4 Buchstabensalat

In jeder Reihe versteckt sich mindestens ein richtiger Buchstabe. Zusammen gelesen, ergibt sich folgendes Lösungswort:

K	Ö	R	P	E	R	B	A	U

Alltag und Freizeit

Alltag und Freizeit

REITEN

Das Stockmaß ist die Höhe vom Boden bis zum Widerrist

Pferde und Menschen – eine besondere Beziehung

Die Pferde gehören zu den ältesten Freunden der Menschen. Vor etwa 5000 Jahren spannte der Mensch zum ersten Mal ein Wildpferd vor einen Wagen. Reiten ließen sich die Steppentiere erst viel später. Kein anderes Tier hat dem Menschen so viel Macht verliehen wie das Pferd. Ein Reiter hat den besseren Überblick und kommt viel schneller voran als die anderen. Das edle Haustier galt deshalb bei unseren Vorfahren als Symbol für Freiheit, Wohlstand und Glück. Nicht umsonst wird behauptet, dass das Glück auf Erden auf dem Rücken der Pferde läge. In vielen alten Sagen wird berichtet, Götter hätten das Pferd aus Sonne und Wind geschaffen. Dabei waren die Urahnen dieses Tieres, die vor 50 Millionen Jahren lebten, nur etwa so groß wie ein Fuchs. Unsere heutigen Hauspferde stammen von Wildpferden ab, die inzwischen fast ganz ausgestorben sind. Aus diesen wilden Rassen haben die Menschen viele unterschiedliche Pferderassen gezüchtet.

Pferde für alle Gelegenheiten

Je nach Temperament und Körperbau teilt man Pferde in zwei große Gruppen: Es gibt Warm- und Kaltblüter. Die Vollblüter gehören zu den Warmblütern. Dabei sagt die Bezeichnung nichts über die Körpertemperatur aus. Auf diese zwei Hauptgruppen verteilen sich Hunderte verschiedene Pferderassen. Weil Pferde von Menschen gezüchtet werden, züchten sie nur die Rassen, die sie gerade „brauchen“. Momentan gibt es deshalb fast nur noch Tiere, die auch für den Reitsport geeignet sind. Kaltblüter, die früher als Arbeits- und Zugtiere benötigt wurden, gibt es heute nur noch selten.

Das Reiten

Viele Kinder wollen nur eins: Reiten lernen. Das ist eine gute Wahl, denn beim Reiten bekommt man zwei Dinge in einem – den Sport und den Umgang mit Tieren. Wer also Reiten lernen will, bekommt als Erstes Unterricht in Pferdepflege. Das hört sich einfacher an, als es ist, denn zur Pflege gehören viele unterschiedliche Werkzeuge, die richtig angewendet werden müssen. Da ist einmal der Hufkratzer. Mit dieser spitzen Metallhacke löst man Dreck und Steinchen aus dem Huf. Dabei muss man sehr vorsichtig sein, um dem Tier nicht weh zu tun. Im Putzkasten ist auch eine Auswahl von Striegeln. Damit entfernt man Schmutz und überflüssige Haare aus dem Pferdefell. Alle empfindlichen Körperstellen wie Augenränder und Nüstern werden mit einem Schwamm gesäubert. Mit einer Fußbürste wird festgetrockneter Schlamm von den Pferdebeinen entfernt. Die Kardätsche hat kurze Borsten und wird zur Pflege von Mähne, Fell und Schweif verwendet. Man kann Schweif und Mähne aber auch

Ein Kaltblutpferd zieht Baumstämme aus dem Wald. Das schont den Waldboden. Traktoren dagegen machen tiefe Rinnen.

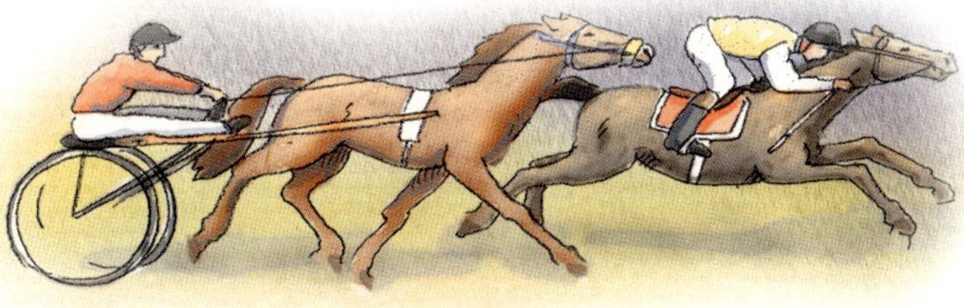

Diese Pferde können eine Geschwindigkeit von bis zu 60 Kilometer in der Stunde erreichen.

mit dem Mähnenkamm auskämmen. Mit einem Strohwisch reibst du das Fell des Pferdes ab. Es wird dabei massiert. Die Pferde mögen es sehr gerne, so gepflegt zu werden. Dadurch lernen sie den Reiter besser kennen und vertrauen ihm. Beim Reitunterricht lernst du das Pferd zu führen und ihm richtige Kommandos (die Reiter sagen „Hilfen“) zu geben. Nach und nach werden die unterschiedlichen Gangarten geübt. Der Körper des Reiters passt sich dabei den Bewegungsabläufen des Pferdes an. Jede Gangart erfordert vom Reiter eine andere Sitzposition oder Bewegung.

Welche Ausrüstung braucht man?

Ganz wichtig ist ein Helm, denn auch gute Reiter werden ab und zu vom Pferd geworfen. Außerdem gehören spezielle Hosen mit Lederbesatz zum absoluten Muss. Reitstiefel haben immer glatte Sohlen. Das ist auch eine Vorsichtsmaßnahme, denn beim Reitunfall kann sich so der Stiefel nicht im Steigbügel verheddern. Diese Minimalausrüstung ist für alle Reitsportarten Voraussetzung.

Was man über Pferde wissen muss

Pferde sind Säugetiere, wie Nashörner und Tapire gehören sie in der Tierordnung zu den Unpaarhufern. Das Pferd ist ein echtes Lauftier. Freilebend zieht es mit seiner Herde ständig umher. Pferde sind aber auch Fluchttiere. Sie sind stets sehr wachsam und flüchten lieber, als einen Angriff zu wagen. Sie können besonders gut hören, riechen und sehen. Im Gegensatz zu vielen anderen Tieren können sie auch Farben unterscheiden. Was an ihnen so toll ist, sind ihre verschiedenen Ausdrucksmöglichkeiten. Es ist eine Kombination aus Mimik, Ohrenspiel und anderen Bewegungen, die einem Pferdekenner sagen, was es empfindet. Manche behaupten, Pferde hätten eine eigene Sprache – wer etwas von diesen außergewöhnlichen Tieren verstehen will, sollte ihre Sprache lernen.

Weißt du's?

1 Was sind Pferdeäpfel?

- Obst, das Pferde besonders gern mögen.
- So nennt man die Ausscheidungen der Pferde.
- Ein Apfelgericht, das es nur auf Reiterhöfen gibt.
- Kleine runde Bälle, mit denen Pferde gerne spielen.

2 Wie nennt man ein männliches Pferd?

- Stute
- Ross
- Hengst
- Pony

3 Wodurch unterscheiden sich Warmblüter und Kaltblüter?

- Durch die Fellfarbe und die Gangart
- Durch die Bluttemperatur
- Durch die Temperatur im Stall
- Durch Temperament und Körperbau

1. Ausscheidungen 2. Hengst 3. Temperament und Körperbau

Bei den ersten Reitstunden wird man auf dem Pferd im Kreis geführt, um ein sicheres Gefühl im Sattel zu bekommen.

Auf traditionellen spanischen Festen dürfen die Caballeros mit ihren prachtvollen Zuchtpferden nicht fehlen.

FUSSBALL

David Beckham am Ball: Seine genialen Flanken führen fast immer zu Toren!

Spiel für Millionen

Ihr wollt Fußball spielen? Dann seid ihr in bester Gesellschaft. Millionen Menschen auf der ganzen Welt lieben diesen Sport. Die meisten haben schon mal einen Ball gekickt. Und fast allen macht es zumindest Spaß, den Profis auf dem Platz beim Spielen zuzuschauen. Fußball ist ein Massensport, aber das bedeutet nicht, dass auch jeder ihn beherrscht.

Lothar Matthäus

Der Ball ist rund

Das weiß jedes Kind. Für ein richtiges Fußballspiel braucht man auf jeden Fall einen Ball und mehrere Mitspieler. Idealerweise sind es so viele, dass man zwei Mannschaften bilden kann, die dann gegeneinander spielen. Auf dem Spielfeld braucht man natürlich noch zwei Tore. Ziel des Fußballspiels ist es, in einer bestimmten Zeit möglichst oft den Ball ins gegnerische Tor zu treffen. Das ist gar nicht so einfach, denn Fußball wird, das sagt schon der Name, nur mit den Füßen gespielt (und manchmal auch mit dem Kopf). Nur der Torhüter darf den Ball mit der Hand berühren – alle anderen Mitspieler sind auf die geschickte Ballführung mit den Füßen angewiesen. Dass es gar nicht so einfach ist, den Ball so unter Kontrolle zu halten, wissen alle, die es schon mal versucht haben. Richtig gut können es nur die, die regelmäßig trainieren. Und das kann man am besten in einem Fußballverein!

Hier köpft der französische Weltklassespieler Zinedine Zidane zum 1:0 im WM-Finale 1998 gegen Brasilien ein.

Fußball gab es schon immer

Zumindest behaupten das die Experten. Schon vor über 2000 Jahren gab es bei den Chinesen, Japanern, Griechen und Römern Spiele, bei denen man mit Händen oder Füßen einen Ball durchs Tor trieb. Nach festen Regeln kickt man erst seit 1863. Damals wurde in England der erste Fußballverband gegründet und die Spielregeln festgelegt. In den letzten 150 Jahren entwickelte sich diese Rasensportart zum Massenvergnügen. Denn was braucht man schon mehr, als einen Fußball und ein Tor. Oder war da noch etwas?

Welche Regeln gelten beim Fußball?

Zunächst einmal besteht jede Fußballmannschaft aus elf Spielern. Jeder Einzelne übernimmt während des Spiels spezielle Aufgaben innerhalb des Teams. Die wohl bekanntesten Figuren auf dem Feld sind der Torwart und die Stürmer. Aber auch die Verteidiger sind wichtig, wenn man ein Spiel gewinnen will. Das Spielfeld hat festgelegte Maße und zwei Tore. Mit weißen Markierungen ist der Platz aufgeteilt und je nachdem, an welcher Position sich Ball und Spieler befinden, gelten bestimmte Regeln. Der Schiedsrichter sorgt als unparteiischer Mann für ein faires Spiel. Er beobachtet den Spielverlauf und entscheidet, wann gegen die Regeln verstoßen wird. Oft fühlen sich die Spieler von ihm ungerecht behandelt und protestieren gegen seine Entscheidungen. Bei schlimmen Regelverstößen kann er

Mit einer exzellenten Schusstechnik ist auch die „Freistoßmauer“ kein Hindernis. Diese Technik beherrschen aber nur ganz wenige Spieler!

Oliver Kahn war nicht nur bei Bayern München die Nr. 1, sondern auch in der Deutschen Nationalmannschaft.

Spieler mit einer Gelben Karte verwarnen und mit einer Roten sogar vom Platz verweisen. Ziel des Fußballteams ist es, in einer festgelegten Spielzeit (bei Erwachsenen sind das zweimal 45 Minuten), den Ball ins gegnerische Tor zu schießen. Das Torverhältnis am Ende des Spiels entscheidet über Gewinner und Verlierer.

Fußball macht Spaß

Die meisten Jungen lieben Fußball, aber auch viele Mädchen kicken gern mit dem Ball. Um möglichst viele für diesen Sport zu begeistern, gibt es in vielen Fußballvereinen Jugendmannschaften. Dort wird regelmäßig trainiert und – wenn die Mannschaft gut genug ist – darf man auch gegen andere Clubs antreten. Das ist immer ganz toll, denn nur in einem richtigen Spiel lernt man seine Mannschaftsfreunde wirklich kennen, lernt fair zu sein und auch mal mit Niederlagen umzugehen. Wer viel Fußball spielt, ist ziemlich fit und geschickt im Umgang mit dem Ball. Am wichtigsten ist aber: Fußball macht Spaß!

Wenn ein Tor bei einem Fußballspiel fällt, sehen die Reaktionen immer gleich aus: Die einen feiern und die anderen trauern!

Weißt du's?

1 Wie viele Spieler hat jede Mannschaft?

- 12
- 10
- 11
- 15

2 Welche Farbe hat die Karte, die der Schiedsrichter schlimmstenfalls verteilt?

- Schwarz
- Rot
- Gelb
- Grün

3 Wer gewann die Fußball-Weltmeisterschaft 2006?

- Deutschland
- Italien
- Brasilien
- China

1. 11 2. Rot 3. Italien

Brasiliens Superstar Ronaldo gehört zu den erfolgreichsten Stürmern der Welt. Er gewann bisher schon zweimal die Fußball-Weltmeisterschaft.

LESEN UND LITERATUR

Warum muss man lesen lernen?

Es gibt gewisse Dinge, die kann man vom ersten Augenblick an. Lesen gehört leider nicht dazu. Lesen muss man lernen. Zu Beginn ist das recht mühsam, holpernd und stolpernd geht es durch die Buchstabenreihen. Es fällt anfangs ziemlich schwer, einen Sinn in die aneinandergereihten Buchstaben zu kriegen. Lesen ist nämlich eine Sache, das was man liest auch zu verstehen, eine ganz andere.

Es gibt viele Millionen Menschen auf der Welt (Kinder und Erwachsene), die niemals lesen gelernt haben. Man nennt sie Analphabeten, also Menschen, die das Alphabet nicht beherrschen. Das ist ein großes Problem. Denn lesen zu können, bedeutet auch eine ganz neue Welt zu entdecken. Oder schlicht mehr über die Dinge des Lebens zu erfahren, die man bisher noch nicht wusste.

Wer hat das Lesen überhaupt erfunden?

Erfunden hat es sicher nicht nur ein Mensch, sondern viele zugleich. In allen hoch entwickelten Kulturen begann man irgendwann einmal, Schriftzeichen zu entwickeln und diesen eine bestimmte Bedeutung zu geben. Das Alphabet, also die Ansammlung von Buchstaben, die zum Schreiben verwendet werden und die man für das Lesen beherrschen muss, wurde vor etwa 3000 Jahren von den Phöniziern entwickelt. Es gibt ein griechisches, ein lateinisches, ein arabisches und ein kyrillisches (russisches) Alphabet. Andere Kulturen entwickelten weitere Schriftarten: Die Sumerer erfanden die Keilschrift; die Ägypter benutzten die Hieroglyphen und manche Völker wie Japaner und Chinesen verwenden heute noch besondere Schriftzeichen.

Schon früh begannen die Menschen, ihr Wissen zum Beispiel auf Tontafeln niederzuschreiben. Diese Schrifttafel ist vor etwa 3000 Jahren entstanden. Die in Keilschrift verfasste Tafel gehört zu den ältesten Schriftstücken der Erde.

Was ist Literatur?

Literatur kann man lesen. Der Begriff stammt vom lateinischen Wort „littera“ ab und bedeutet Buchstabe. Also ist eigentlich alles, was man mit Buchstaben schreibt, Literatur. Vielleicht noch nicht das, was du in der Schule schreibst, aber abwarten! Es gibt nämlich viele Arten zu schreiben. Man unterscheidet beispielsweise zwischen Erwachsenen-, Jugend- und Kinderliteratur oder zwischen Unterhaltungsliteratur und wissenschaftlicher Literatur. Es gibt Sach- und Fachbücher, Romane, Kurzgeschichten, Märchen und Krimis. Literatur unterscheidet sich also zum einen nach dem Leserkreis, für den sie geschrieben wurde und zum anderen nach den Inhalten, mit denen sie sich beschäftigt. Eine weitere Einteilungsmöglichkeit ist die nach Stilrichtungen. Der Stil sagt etwas über die Art und Weise aus, wie etwas geschrieben wird. Ein Gedicht zum Beispiel besteht aus einer oder mehreren Strophen, ein Märchen nicht. Was alles Literatur sein kann, darüber kann man sich in Bibliotheken den besten Überblick verschaffen.

Bücher braucht man zum Träumen oder zum Lernen.

Der Star unter den Kinderbuchautoren ist immer noch Astrid Lindgren. Sie erfand „Pippi Langstrumpf".

Ein Lexikon hilft immer dann weiter, wenn man ein Wort nicht kennt.

Was sind gute Kinder- und Jugendbücher?

Ob ein Buch gut ist oder nicht, entscheiden die Leser. Je mehr Menschen ein Buch lesen, desto besser scheint es zu sein. Ein gutes Kinder- oder Jugendbuch ist speziell für die Leser dieser Altersgruppe geschrieben. Eine der bekanntesten Kinder- und Jugendbuchautorinnen war Astrid Lindgren. Sie erfand beispielsweise die Buchfigur Pippi Langstrumpf. Auch Ronja Räubertochter oder der Michel von Lönneberga sind Figuren aus ihren Büchern – und die kennt heute fast jedes Kind.

Ein solcher Bücherheld ist inzwischen auch Harry Potter. Obwohl der Inhalt dieser Bücher für Kinder eigentlich noch zu grausam ist, verschlingen kleine Leseratten die Bücher des Zauberlehrlings. Ebenso wie Astrid Lindgren musste die Harry-Potter-Autorin Joanne K. Rowling auch lange auf den Erfolg ihrer Bücher warten. Erst wollte niemand diese Geschichten drucken und heute sind die Bücher schon millionenfach verkauft.

Warum ist Lesen schön?

Es ist wie mit vielen Dingen im Leben: Was die einen toll finden, halten andere für blöd. Früher, als es noch kein Fernsehen oder Kino gab, lasen die Leute Bücher, um sich zu unterhalten. Und auch heute noch finden manche Lesen schöner als Filme anzuschauen. Der Grund: Lesen beflügelt die Fantasie und sich eine Welt auszumalen, ist oft tausendmal schöner, als sie sich auf dem Bildschirm anzugucken. Dafür braucht man nämlich keine eigene Vorstellungskraft.

INFO!

Seit wann gibt es Bücher?

Vor etwa 550 Jahren entwickelte Johannes Gutenberg den Buchdruck mit auswechselbaren Buchstaben in Europa und seitdem werden Bücher in großer Auflage hergestellt. Früher hatte man auch schon Bücher, doch die wurden mühsam von Hand geschrieben und immer wieder kopiert. Anfangs schrieb man deshalb auch nur über Dinge, die wirklich sehr wichtig waren. Zum Beispiel über Medizin oder Religion. Erst nach Erfindung des Buchdrucks wurden auch unterhaltende Geschichten niedergeschrieben. Das meistverbreitete Buch der Welt ist übrigens die Bibel, die in über 400 Sprachen übersetzt ist.

Johannes Gutenberg erfand den Buchdruck.

FAHRRAD UND VERKEHR

Seit wann gibt es Fahrräder?

1817 entwickelte ein pfiffiger Forstmeister aus Baden das lenkbare Laufrad. Weil der Forstmeister Drais hieß, nannte man das Gerät „Draisine" oder vornehmer „Velociped". Drais' Laufrad war eine Holzkonstruktion noch ohne Pedalen. Knapp 30 Jahre später gab es dann endlich Luftreifen aus Gummi statt der lauten Eisenräder. Trotzdem war das Radfahren noch keinesfalls ein großes Vergnügen. Seit 1861 fuhr man auf einem Hochrad, einer sogenannten Michauline, deren Vorderrad größer als das Hinterrad war, und die bereits Tretkurbel und Pedale besaß. Stürze waren keine Seltenheit. 1884 erfand man die Kette, die den Antrieb auch auf das Hinterrad übertrug und bald darauf gab es die erste kleine Gangschaltung. 1904 sah dann das Fahrrad schon in etwa so aus, wie wir es heute kennen. Heute gibt es verschiedene Fahrräder: Damen-, Herren- oder Kinderräder, Rennräder oder Mountainbikes und viele mehr.

Die ersten Fahrräder waren noch aus Holz gemacht und besaßen noch beschlagene Holzräder.

Wie funktioniert ein Fahrrad?

Ein Fahrrad ist ein Fahrzeug mit zwei Rädern, das von Erwachsenen und Kindern gefahren werden kann. Die meisten Fahrräder haben keinen Motor, aber wenn du in die Pedale trittst, werden die Räder in Bewegung gesetzt – und schon geht es los. Das Schwierige beim Radfahren ist anfangs, das Gleichgewicht zu halten. Aber das lernt man rasch. Denn: Je schneller ein Fahrrad fährt, desto weniger schwankt es. Das kommt daher, dass die Kraft, die das Fahrrad nach vorn bewegt, größer ist als die Kraft, die es nach unten zieht. Wenn du einmal Fahrrad fahren kannst, wirst du es nie wieder verlernen.

Welche Ausrüstung braucht man?

Fahrräder müssen regelmäßig gewartet werden, damit sie verkehrstüchtig bleiben: *Haben die Reifen genug Luft? Sind die Bremsen in Ordnung? Funktioniert die Beleuchtung? Ist das Rücklicht gut sichtbar?* Natürlich muss das Fahrrad auch in Größe und Stabilität zum Fahrer passen. Zu große oder zu kleine Räder bringen den Fahrer in Gefahr.

Weil man auf dem Rad weniger gut geschützt ist als beispielsweise im Auto, sollte man beim Radfahren unbedingt einen Helm tragen. Der darf ebenfalls nicht zu groß oder zu klein sein. Bei Stürzen mit dem Fahrrad ist es nämlich oftmals der Kopf, der die schlimmsten Verletzungen davonträgt.

Wer bei schlechtem Wetter oder nachts auf dem Rad unterwegs ist, sollte helle Kleidung tragen oder solche, die mit Reflektoren ausgestattet ist. Sehen und gesehen werden ist nämlich das Wichtigste in Sachen „sicher Radfahren".

Weißt du's?

Fahrräder müssen regelmäßig geputzt und geölt werden; das ist kinderleicht!

1 Mit welchen Tieraugen vergleicht man die Reflektoren am Fahrrad?

- Fischaugen
- Hundeaugen
- Adleraugen
- Katzenaugen

2 Durch welches Fahrradzubehör warnt man vor Gefahr?

- Fahne
- Lenker
- Klingel
- Schild „Vorsicht Anfänger"

3 Welche Ausrüstung schützt bei Stürzen den Kopf?

- Die Fahrradbrille
- Der Fahrradhelm
- Die Baseballmütze
- Der Motorradhelm

1. Katzenaugen 2. Klingel 3. Der Fahrradhelm

Sicher im Verkehr

Nur Kinder dürfen mit dem Rad noch auf dem Fußgängerweg fahren. Da muss man natürlich sehr vorsichtig sein, damit man keine Fußgänger gefährdet. Langsam fahren ist deshalb angesagt. Wann immer es einen Radweg gibt, müssen Fahrradfahrer ihn auch benutzen. Auf alle Fälle sollte aber jeder, der mit dem Rad unterwegs ist, die wichtigen Verkehrsregeln, die Verkehrsschilder und ihre Bedeutung kennen. Bevor man auf öffentlichen Straßen Radfahren darf, muss man auch die Handzeichen zum Abbiegen sicher beherrschen.

Die wichtigsten Verkehrsregeln lernen Kinder am besten im Verkehrsunterricht in der Schule. In diesen Stunden sollte man besonders gut aufpassen, denn Unachtsamkeit und leichtsinniges Verhalten im Verkehr können für Fahrradfahrer tödlich sein.

Umweltfreundlich unterwegs

Das Schönste am Radfahren ist, dass man damit wirklich überall hinkommt. Es gibt besondere Räder (zum Beispiel das Mountainbike), mit dem sich unebene Wege und große Steigungen problemlos bewältigen lassen. Für die Umwelt sind Fahrräder geradezu ideal. Sie produzieren keine Abgase und sind absolut lautlos unterwegs.

Insbesondere bei längeren Fahrradtouren braucht man eine gute Polsterung für das Gesäß.

FUN-SPORT

Die Inlineskates werden immer beliebter, die Fahrer immer waghalsiger. Schutzkleidung ist angesagt.

Was ist eigentlich „Fun-Sport“?

Sport ist eine Art Spiel. Die meisten Sportarten trainieren den Körper und halten ihn in Form. Beim Sport lernt man, verschiedene Muskeln zu gebrauchen und seine Bewegungen zu kontrollieren. Sport zu treiben kann harte Arbeit sein. Dann nennt man es Leistungssport. Sport kann aber auch einfach nur Spaß (= englisch „fun“) machen. Während andere Sportarten zumeist nach bestimmten Regeln gespielt werden, sind Fun-Sportarten rein zum Vergnügen da. Oft sind es neue Sportgeräte oder Trends, die eine große Begeisterung auslösen und die jeder mitmachen will. Das ist gut, weil Menschen dadurch in Bewegung kommen, aber auch gefährlich, weil bei all dem Spaß nicht jeder auch auf die Sicherheit achtet.

Rollschuhlaufen oder Inlineskating – was ist was?

Bergsteigen und Klettern ist ein tolles Hobby, aber auch ein nicht ganz ungefährlicher Sport.

Rollschuhlaufen ist altmodisch – Inlineskating ist cool. Dass sich Menschen auf rollenden Schuhen fortbewegen, ist eigentlich nicht neu. Das gab es schon früher und hat auch Spaß gemacht. Neuer ist das Rollschuhlaufen, wenn es sich Inlineskating nennt. Im Gegensatz zu den guten alten Rollschuhen sind die Rollen bei den Inlinern hintereinander angebracht (= englisch „in line“) und nicht paarweise angeordnet. Und das ist auch schon der einzige echte Unterschied. Die Ausrüstung, die man jedoch für das Inlineskating unbedingt braucht, ist wesentlich aufwändiger. Zunächst sind da einmal die Skatingschuhe selbst. Sie sollten gut passen und so stabil sein, dass sie den Knöchel gut schützen. Weil man beim Inlineskating viel schneller fahren kann als mit den alten Rollschuhen, braucht man außerdem eine spezielle Schutzausrüstung. Geschützt werden müssen die Knie, die Ellbogen und Handgelenke sowie der Kopf. Dafür gibt es Schützer und Helme, die ebenso wie die Schuhe gut passen sollten.

Beim Inlineskating sind Bordsteinkanten und andere ungeahnte Hindernisse für Anfänger besonders gefährlich. Am häufigsten kann man sich am Kopf, an der Wirbelsäule und an den Armen verletzen. Deshalb ist es wichtig, nicht nur das Fahren zu lernen, sondern auch das richtige Bremsen und Fallen.

Was ist Skateboarding?

Dieser Fun-Sport ist nicht wirklich neu, aber immer noch ziemlich angesagt. Das Skateboard ist ein leicht geschwungenes Brett, unter dem vier Rollen paarweise angeordnet sind. Weil man dabei eine gute Standfläche hat, ist es ziemlich einfach zu erlernen. Aber mit dem einfachen Dahinrollern ist es natürlich nicht getan: Die wahren Künstler des Skateboardens überspringen gerne Hindernisse wie Bänke, Treppengeländer oder Bordsteine. Beliebt ist auch das Skaten in

Auch sehr beliebt: Paragliding

Auch auf dem Wasser macht Sport, wie zum Beispiel Segeln, viel Spaß. Für Kids allerdings nur mit Schwimmweste.

der sogenannten Halfpipe, einer u-förmigen Holzrampe, die alle möglichen Kunststücke erlaubt. Absolute Voraussetzung für die halsbrecherischen Aktionen sind gute Konzentrationsfähigkeit und gute Kondition. Wie beim Inlineskaten ist auch eine Schutzausrüstung inklusive Helm absolut notwendig. Leider finden das viele Kids nicht besonders schick und verletzen sich deshalb beim Skating besonders schwer.

Weißt du's?

1 Wie viele Rollen haben Inlineskates?
- Zwei
- Drei
- Vier
- Sechs

2 Wie nennt man die u-förmige Rampe, in der Skater ihre Kunststücke machen?
- Big Boom
- Halfpipe
- Midiroll
- Halbrund

3 Was müssen Inlineskater lernen, um Unfälle zu vermeiden?
- Springen
- Abrollen
- Bremsen
- Beschleunigen

1. Vier 2. Halfpipe 3. Bremsen

Was macht sonst noch Spaß?

Fun-Sportarten sprießen in jedem Jahr wie Unkraut neu aus dem Boden. Snowboarden statt Skifahren, Freeclimbing statt Bergsteigen, Kickboarden statt Rollerfahren – man gebe einer bekannten Sportart einen neuen Namen und schon ist sie im Trend. Im Prinzip ist dagegen nichts einzuwenden, doch was so schön und locker aussieht, ist für den Anfänger oft gar nicht so einfach. Jemand, der es einem richtig beibringen könnte, wie beispielsweise ein Trainer bei anderen Sportarten, gibt es oftmals nicht. Man lernt es, indem man es ausprobiert – und das sind manchmal schmerzhafte Erfahrungen. Trotzdem, Sport sollte Spaß machen und deshalb sollte man lieber jeden Trend ausprobieren, als faul in der Ecke sitzen.

Winterspaß total: Auf der Halfpipe zeigen Snowboarder ihre hohen Luftsprünge.

Nur etwas für besonders Mutige. Am Seil geht es beim Bungeejumping kopfüber in die Tiefe.

ENGAGEMENT

Was ist eigentlich Engagement?

Regenwälder werden abgeholzt. Immer mehr Tiere sterben aus. Viele Gewässer sind verseucht. Die Müllberge wachsen in den Himmel. Und in vielen Ländern dieser Erde herrscht Krieg und Kinder müssen hungern. Wenn man sich die Nachrichten aus aller Welt anschaut, kann man schon den Eindruck bekommen, unser Leben bestehe nur aus Problemen. Bei manchen Nachrichten fällt es schwer, ruhig auf der Couch zu sitzen. Es juckt in den Fingern und man möchte selbst etwas tun, damit Probleme gelöst werden. Dieses Gefühl, selbst mit anpacken zu wollen und es dann auch zu tun, nennt man Engagement.

Immer wieder protestieren Umweltorganisationen gegen die Meeresverschmutzung durch Ölförderanlagen.

Es gibt so viel zu tun, wo fängt man an?

Natürlich sind es die großen Ungerechtigkeiten, die uns am meisten aufregen. Das Erdbeben, bei dem Tausende Menschen ihr Haus oder ihr Leben verlieren; die Hungerkatastrophe, die für viele Kinder den Tod bringt; das Tankerunglück, das viele Strände verschmutzt und Meerestiere tötet. Über all das können wir in den Zeitungen lesen und Bilder im Fernsehen anschauen. Doch dagegen etwas zu tun, ist wirklich schwer. Große Hilfsorganisationen bitten dann um Spenden, um den betroffenen Menschen gezielt helfen zu können.

Fantasievoll und engagiert: Die Umweltschützer von Greenpeace kommen immer wieder in die Schlagzeilen.

Über die kleinen Probleme direkt vor der Haustür spricht hingegen kaum jemand. Aber gerade da könnte jeder mit anpacken und wirklich etwas bewegen.

Kann man sich in der Schule engagieren?

Tag für Tag geht man in die Schule, ärgert sich immer wieder über die gleichen Dinge und doch tut man nichts dagegen. Dabei ist es eigentlich ziemlich einfach, sich dort zu engagieren. Engagement ist es beispielsweise, sich als Klassensprecher wählen zu lassen und für die Sorgen anderer einzutreten.

An vielen Schulen gibt es oft Streit auf dem Pausenhof und oftmals zu wenig Lehrer, die dann eingreifen. An manchen Schulen engagieren sich Schüler als Streitschlichter. Sie lernen in speziellen Kursen, wie man am besten die Streithähne beruhigt und Probleme lösen kann.

Mithelfen statt zuschauen – wie kann man der Umwelt helfen?

Auch da beginnt echtes Engagement direkt vor der eigenen Haustür. Es gibt fast überall Ortsverbände der Naturschutzorganisationen und viele davon haben eigene Jugend- und Kindergruppen. Die kümmern sich dann um die Tiere in den Wäldern und Wiesen, pflegen Biotope oder helfen Kröten bei der Wanderung zu den

Kinder packen mit an! Für viele Bedürftige werden Pakete in die ganze Welt verschickt, aber nicht alle erreicht die lebenswichtige Sendung.

INFO!

Kinder für den Umweltschutz

Fast alle großen Umweltschutzorganisationen haben spezielle Jugend- und Kinderabteilungen. Die Kids von Greenpeace sind die Greenteams – und man braucht nur zwei Freunde (und einen Erwachsenen), um ein solches Team zu werden. Die NAJU (Naturschutzjugend) hat viele Regionalverbände, die Jugendliche in praktischem Umweltschutz unterrichten. In Sachen Tierschutz ist der WWF aktiv, seine Jugendabteilung heißt die Young Pandas.

Laichplätzen. Natürlich scheint das auf den ersten Blick nicht so aufregend wie der Erhalt des Regenwalds, doch wichtig ist diese Arbeit vor Ort ebenso.

Ein gutes Beispiel für aktive Mithilfe sind beispielsweise auch die Flurreinigungsaktionen, die in vielen Orten jährlich durchgeführt werden. Zwar macht man sich beim Müllsammeln in freier Natur durchaus die Hände schmutzig, doch man lernt auch viel dabei. Zum Beispiel wie mühsam es ist, eine weggeworfene Plastikflasche wieder aufzusammeln.

Engagement – Spendenprojekte an Schulen

Viele Probleme dieser Welt lassen sich nur mit gezielter Hilfe lösen und die kostet Geld. Deshalb brauchen große und kleine Hilfsorganisationen Geldspenden, um aktiv zu werden. Wenn man dann sein Taschengeld spendet, ist das natürlich nur ein Tropfen auf den heißen Stein. Wer mehr bewegen will, der muss sich etwas einfallen lassen. An vielen Schulen gibt es Initiativen, die für bestimmte Projekte eintreten. Die Erlöse vieler Weihnachtsmärkte helfen beispielsweise Kindern in Not. Ähnliches kann man aber nicht nur in der Weihnachtszeit veranstalten, sondern auch im Verlauf eines Schuljahres. Die Lehrer und Elternbeiräte sind hier die richtigen Ansprechpartner.

Können Kinder etwas bewegen?

Jeder kann etwas bewegen. Und wer sein Sparschwein für einen guten Zweck schlachtet, hat schon etwas geleistet. Denn es sind nicht nur die großen Taten, die zählen, sondern allein der Wunsch, etwas verändern zu wollen.

Internationale Hilfsverbände unterstützen afrikanische Flüchtlingslager mit Lebensmitteln, Medikamenten und Kleidung.

Die Greenpeace Website für Kinder gibt jede Menge Anregungen, wie und wo man helfen kann!

GLAUBEN UND RELIGIONEN

Warum glauben die Menschen an Gott?

Solange es Menschen gibt, gibt es auch den Glauben an eine höhere Macht. Der Glaube an höhere Mächte, an einen Gott oder etwas Heiliges, das über allem anderen steht und der Welt und dem Leben einen Sinn gibt, das ist vereinfacht gesagt, Religion. Zu Beginn der Menschheitsgeschichte verehrten die Menschen viele verschiedene Götter, vor etwa 3500 Jahren begannen die Juden als Erste an einen einzigen Gott zu glauben. Heute gibt es auf der Welt fünf große Religionen, zu denen sich die meisten Menschen bekennen: das Judentum, das Christentum, der Islam, der Hinduismus und der Buddhismus.

Buddha-Statue in Asien

Welche Religion ist die älteste?

Das Judentum ist die älteste Religion, die wir kennen. Auf ihr begründen sich auch die beiden anderen großen Weltreligionen – das Christentum und der Islam. Die meisten Juden, die sich selbst das „Volk Israel" nennen, leben heute im Staat Israel oder in Nordamerika. Der wichtigste Grundsatz dieser Religion ist der Glaube an den Messias, einen Gesandten Gottes, der auf die Welt kommt, um Frieden zu stiften. Das Gotteshaus der Juden ist die Synagoge, zu ihren heiligsten Stätten gehört die Klagemauer in Jerusalem.

Woher kommt das Christentum?

Das Christentum hat seine Wurzeln im Judentum und entstand etwa vor 2000 Jahren in den Ländern des Römischen Reiches. Ähnlich wie die Juden glauben die Christen an einen Erlöser; im Hebräischen heißt Erlöser Messias – im Griechischen Christus. Der Glaube an den Erlöser (Christus) gab der Religion ihren Namen. Das Lehrbuch des Glaubens ist die Bibel. Die Geschichten aus der Bibel kennt jedes Kind, ganz gleich, welcher christlichen Kirche es angehört. Denn das ist das Besondere am Christentum: Es gibt mehrere Konfessionen (Kirchen), die gleichermaßen den christlichen Glauben vertreten. Hierzulande gibt es unter anderem die katholische und die evangelische Konfession, in anderen Ländern gibt es unterschiedliche orthodoxe Kirchen, die sich auch zum christlichen Glauben bekennen. Damit ist das Christentum am weitesten verbreitet.

Warum beten Muslime auf dem Teppich?

Die zweitgrößte Weltreligion ist der Islam. Das Wort bedeutet „Hingabe an Gott". Der Islam ist nicht nur ein Glaube, sondern eine Lebensweise. Er regelt alle Bereiche des Lebens: die Essgewohnheiten und die Kleidung, die Erziehung und die Wirtschaft. Die Muslime verehren einen Gott: „Allah" – und Mohammed war sein Prophet. Das Gotteshaus der Muslime ist die Moschee und dort wird freitags gebetet. Um die täglichen Gebete, die jeder Muslim fünfmal verrichten muss, an einem würdigen Ort abzuhalten, benutzen die Gläubigen einen Gebetsteppich. Dieser soll immer nach

Der Freitag ist der Feiertag der Muslime. Alle Betenden knien gen Mekka nieder.

Das wichtigste jüdische Heiligtum ist die Klagemauer in Jerusalem. Sie ist das Ziel zahlloser Juden, aber auch vieler Touristen.

Mekka (dem heiligen Ort der Muslime) ausgerichtet sein. Damit die Gläubigen wissen, wo das liegt, ist in vielen Gebetsteppichen ein Kompass eingenäht.

Wo leben Hindus?

Menschen, die sich zum Hinduismus bekennen, leben überwiegend in Indien. Sie glauben an mehrere Götter, die wichtigsten sind jedoch Vishnu und Shiva. Der Glauben der Hindus ist vielfältig und ziemlich kompliziert, das Schönste daran ist aber wahrscheinlich der Glaube an die Wiedergeburt. Es gibt also nicht nur ein Leben nach dem Tod, sondern – je nachdem wie das vergangene Leben verlaufen ist – mehrere Chancen, ein gottgefälliges Leben zu führen. Weil man im neuen Leben durchaus auch als Tier wiedergeboren werden kann, essen viele Hindus kein Fleisch.

Ist Buddha ein Gott?

In Asien leben besonders viele Menschen nach den Lehren Buddhas. Diese Religion hat keinen Gott. Buddha, der Begründer dieser Religion, forderte keinen Glauben, sondern Einsicht und Erkenntnis. Die Buddha-Statuen, die angebetet werden, gelten als Vorbilder, die den Menschen helfen sollen, auf den richtigen Weg zu finden. Der bekannteste Buddhist ist der 14. Dalai-Lama Tenzin Gyatso. Er ist das Oberhaupt der tibetischen Buddhisten. Er gilt als göttliche Wiedergeburt und sollte er einmal sterben, so geht seine Seele auf ein neugeborenes Kind über, das ihm in seinem Amt als Oberhaupt nachfolgen wird.

Weißt du's?

1 Wie heißt das Gotteshaus der Juden?
- Moschee
- Tempel
- Synagoge
- Klagemauer

2 Wie nennt man die Heilige Schrift?
- Koran
- Bibel
- Evangelium
- Messias

3 Wer ist das Oberhaupt der tibetischen Buddhisten?
- Buddha
- Nirvana
- Mekka
- Dalai-Lama

1. Synagoge 2. Bibel 3. Dalai-Lama

Buddhistische Mönche beten vor einer liegenden Buddha-Statue, die den Menschen helfen soll, auf den richtigen Weg zu finden.

Der Kölner Dom ist eines der größten und schönsten Gotteshäuser in Deutschland.

1 Wer bezahlt womit?

Nicht immer bezahlten die Menschen mit Münzen und Scheinen. In anderen Kulturen gab es viele unterschiedliche Zahlungsmittel. Ziemlich wertvoll waren z. B. Kakao, Perlenschnüre und Muscheln. Doch wer bezahlte womit? Verbinde die Zahlen mit den richtigen Buchstaben.

C

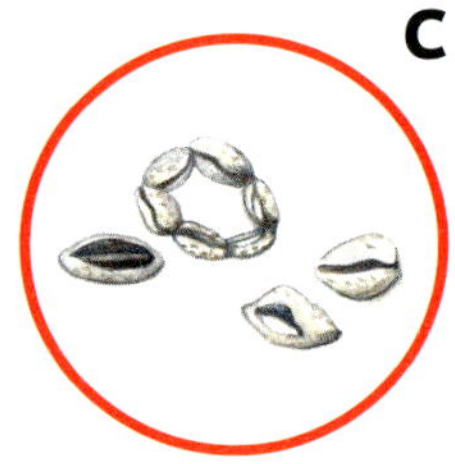

A

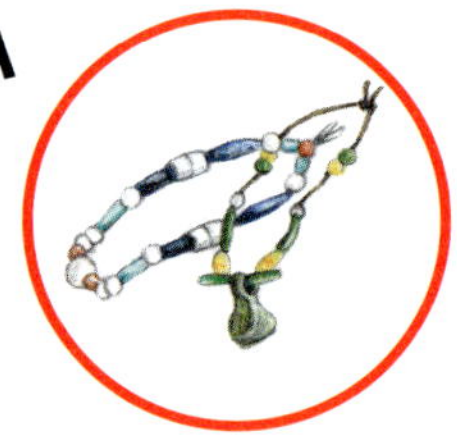

1

2

B

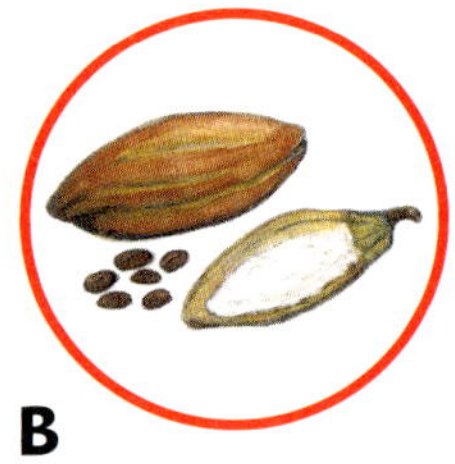

3

2 Kreuzworträtsel

Löse das Kreuzworträtsel und du erfährst, welches Fahrzeug besonders umweltfreundlich ist. Das Wort in der senkrechten Spalte ergibt das Lösungswort.

1. Wer an einer Kreuzung von rechts kommt, hat ...
2. Welches Tier sichert den Fußgängerüberweg?
3. Das Fahrrad hat eine Klingel, das Auto hat eine ...
4. Um zu wissen, wer an einer Kreuzung Vorfahrt hat, muss man folgende Regel kennen: ... vor links.
5. Dieses Zubehörteil von Fahrzeugen sorgt dafür, dass man nicht zu schnell wird.
6. Wo er ist, geht ein Licht an.
7. Eine Straße für Fahrräder nennt man ...

1	V O R F A H R T
2	Z E B R A
3	H U P E
4	R E C H T S
5	B R E M S E
6	_ _ _ A
7	R A D W E G

Das Lösungswort lautet: F A H R R A D

3 Kletterpartie

Robin liebt es, auf dem Spielplatz zu klettern. Um die Plattform verlassen zu können, hat er die Wahl zwischen 15 unterschiedlichen Möglichkeiten. Er will alle ausprobieren, aber keinen Weg möchte er zweimal gehen. Welchen Weg muss er wählen? Fahre die Strecke mit dem Finger nach.

4 Wolkenbilder

Wenn man lange genug die Wolken am Himmel anschaut, kann man ganz unterschiedliche Formen erkennen. Siehst du auch, was Maxi entdeckt hat? Sechs Dinge kann man in den Wolken erkennen!

Natur und Tiere

MEER

Haie und friedliche Wasserschildkröten tummeln sich im Meer.

Wie groß ist das Meer?

Meere und Ozeane bedecken etwa zwei Drittel der gesamten Erdoberfläche. Deshalb sieht der Planet Erde, wenn man ihn vom Weltraum aus betrachtet, auch immer etwas blau aus. Der größte Ozean ist der Pazifik. Er alleine könnte alle Kontinente dieser Welt mit Wasser bedecken. Der zweitgrößte ist der Atlantische Ozean, dann folgen der Größe nach der Indische Ozean und das Nordpolarmeer.

Wie sieht es auf dem Meeresboden aus?

Der Meeresboden liegt im Durchschnitt etwa drei bis vier Kilometer unter der Wasseroberfläche und ist zum größten Teil eben und flach. Doch unter Wasser gibt es auch Gebirge mit tiefen Tälern. Ein großes Gebirge ist beispielsweise der Mittelozeanische Rücken, ein tiefes Tal ist der Marianengraben. Dort ist das Meer elf Kilometer tief.

Wie bewegen sich die Wellen?

Durch die Drehung der Erde und den Wind ist das Meerwasser ständig in Bewegung. Auch die Anziehungskraft des Mondes und der Sonne verursachen Bewegungen. Diese nennt man Ebbe und Flut. Bei Flut wird die Meeresoberfläche angehoben, bei Ebbe sinkt sie wieder. Wenn der Wind über die Meeresoberfläche streift, bilden sich Wellen. Solche Wellen bleiben sehr lange bestehen, bis sie auf Land treffen. In Ufernähe werden die Wellen schmaler und höher. Dann überschlagen sie sich und brechen sich am Strand.

Weil es unter Wasser auch Vulkane und Erdbeben geben kann, wird das Wasser zusätzlich bewegt. Es können dadurch riesige Flutwellen entstehen, die sich zu gigantischen Höhen aufbauen. Treffen sie auf Land, überschwemmen sie die küstennahen Gebiete. Solche Riesenwellen, auch Tsunamis genannt, bewegen sich mit einem Tempo von bis zu 800 Kilometern pro Stunde. Das ist schneller als der schnellste Rennwagen.

Das Leben im Meer

Alles Leben auf unserem Planet hat seinen Ursprung im Meer. Vor Millionen von Jahren entstanden dort erste Lebewesen. Heute bevölkern Tausende unterschiedliche Pflanzen und Tiere die Weltmeere. Die Bandbreite reicht von der winzigen Alge bis hin zum gigantisch großen Wal. Überall dort, wo das Wasser genügend Nährstoffe enthält, treiben Pflanzen in der Meeresströmung. Winzige Tierchen fressen die Pflanzen und lassen sich ebenso treiben. Man nennt diese Pflanzen und Tiere Plankton. Kleine Fische und andere Meerestiere leben von Plankton. Seevögel, größere Fische und Robben fressen die Planktonfresser. Ohne Plankton gäbe es daher kein Leben im Meer.

Papageientaucher leben vom Meer. Mit ihren dreieckigen Schnäbeln fangen die Vögel Fische.

Die Rifflandschaften unter Wasser bieten vielen Meerestieren und Pflanzen ideale Lebensbedingungen.

Welche Lebewesen sind im Meer zu Hause?

Kaum ein anderer Lebensraum bietet so vielen unterschiedlichen Lebewesen Platz. Die bekanntesten Meeresbewohner sind natürlich die Fische, von ihnen gibt es unter Wasser unendlich viele Arten. Fischähnlich sind auch manche Säugetiere, die im Wasser leben. Zu ihnen zählen Delfine und Wale. Doch warum stranden manche Wale an unserer Küste? Bis heute ist es noch unklar. Vielleicht sind es Störungen im Erdmagnetfeld, die die Tiere in die Irre leiten oder Orientierungslosigkeit durch Umwelteinflüsse. Des Weiteren leben auch viele Krebsarten in den Meeren. Zu der Tiergattung der Weichtiere gehören auch Tintenfische und Kraken. Insbesondere die Kraken sind heute noch als Meeresungeheuer verschrieen. In der Tat gibt es riesige Exemplare, die jedoch nur in extrem großen Tiefen bis zu 3000 Meter leben. Selbst mit modernster Tauchtechnik gelangt man kaum dorthin. Eine weitere Tiergattung, die ausschließlich unter Wasser lebt, sind die Stachelhäuter. Über 6000 Arten dieser Meeresbewohner gibt es. Zu ihnen gehören Seesterne und Seeigel. Die ältesten Tierarten unter Wasser gehören zu den Nesseltieren und Schwämmen. Zu den Nesseltieren gehören Korallen, Quallen und Seeanemonen.

Clownfische leben in Korallenriffen und flüchten bei Gefahr in die Tentakeln der Seeanemonen, die für andere Fische tödlich sind.

INFO!

Wie kommt das Salz ins Meer?

Überall auf der Welt gibt es zwischen den Gesteinen der Gebirge Salz. Das gilt natürlich auch für die Felsengebirge unter dem Meer. Deshalb enthält das Meer wohl schon seit seiner Entstehung Salz. Sicher ist aber, dass bis heute ständig von Regen und Flüssen Salz aus dem Land ausgewaschen wird. Das Flusswasser transportiert dieses Salz dann laufend ins Meer. Wenn aber auf der Wasseroberfläche durch die Sonnenwärme Wasser verdunstet, verdunstet das Salz nicht mit. Es bleibt also im Meer und wird ständig ein winziges bisschen mehr.

Welche Tiere leben an der Küste?

Auch manche Landtiere brauchen das Meer, beispielsweise um Nahrung zu finden. Unter ihnen gibt es verschiedene Vogelarten von der Möwe bis zum Pinguin. Auch Robben, Eisbären und Seelöwen leben an Land, brauchen aber die Nähe des Meeres.

Im Wasser und an Land zu Hause: die Seehunde. Die flinken Schwimmer sind im Sommer oft im Wattenmeer zu beobachten.

REGENWALD

Wo liegt der Regenwald?

Regenwälder gibt es rund um den Globus – und das im wahrsten Sinn des Wortes. Die Gebiete in der Nähe des Äquators sind auf allen Kontinenten mit üppigem Regenwald bewachsen. Nur hier gibt es die idealen Wetterverhältnisse, bei denen die Pflanzen und Bäume so gedeihen können. Riesige dichte Regenwälder findet man in Südamerika, Asien und Afrika.

Was ist ein Regenwald?

Der Regenwald ist ein Waldtyp mit besonders großer Artenvielfalt. Er wächst in feuchten Gebieten, in denen es immer sehr warm ist. Dieser Wald enthält besonders viele Pflanzen und Bäume, die wiederum unzähligen Tieren als Nahrungsquelle dienen und Unterschlupf bieten. Er ist in vielen Jahrhunderten gewachsen und somit unersetzbar.

Wie beim heimischen Wald unterscheidet man hier drei Baumstockwerke über der Bodenschicht: Es gibt eine sogenannte Unterwuchsschicht, die im Regenwald bis zu einer Höhe von 15 Metern reicht, eine Kronenschicht von etwa 30 bis 40 Metern und eine dritte Schicht der gigantischen Bäume, die zwischen 50 und 60 Metern hoch sind. Im tropischen Regenwald regnet es fast jeden Tag. Weil so viel Wasser auf Boden und Pflanzen fällt und es gleichzeitig so warm ist (zwischen 25° und 27° Celsius), verdunstet das Wasser wieder, bildet neue Wolken und die bringen wieder neuen Regen.

Warum ist die Erhaltung des Regenwaldes so wichtig?

Für die Erhaltung des Regenwaldes gibt es viele gute Gründe. Einer der wichtigsten: Der Regenwald ist für die ganze Erde der wichtigste Sauerstofflieferant. Sauerstoff ist das, was wir Luft nennen. Enthielte die Luft, die wir atmen, zu wenig Sauerstoff, müssten wir sterben. Weil grüne Bäume ständig viel wertvollen Sauerstoff produzieren, kann man sich vorstellen, wie viel davon aus dem Regenwald kommt. Außerdem reguliert er das Klima und bestimmt somit die Wetterverhältnisse rund um den Globus.

Dass der Regenwald außerdem die Heimat vieler Tiere und seltener Pflanzen ist, fällt dabei zusätzlich ins Gewicht.

Die Artenvielfalt der Regenwälder ist gigantisch groß. Die Pflanzenwelt treibt skurrile Blüten.

Wodurch wird der Regenwald gefährdet?

Die Antwort ist kurz: Der Mensch gefährdet den Regenwald. Tagtäglich werden riesige Gebiete des Regenwaldes abgeholzt – und das überall auf der Welt. Allein in Südamerika sind dies jeden Tag Gebiete, in die einige Fußballfelder passen würden. Die Ausmaße der Zerstörung sind unvorstellbar. Menschen holzen den Regenwald ab oder brennen ihn nieder. Die Bewohner brauchen Ackerland und Holz. Die Regierungen der Länder, denen der Regenwald gehört, brauchen Geld und verkaufen das tropische Holz an die reichen Länder. Nur wenige Firmen verdienen daran gut, doch die Folgen der Abholzung werden alle Menschen zu spüren bekommen.

Durch Brandrodung wird tagtäglich viel Regenwald vernichtet und zu Ackerland gemacht.

Gorillas leben in großen Familien in Zentralafrika zusammen. Ihr Lebensraum im Regenwald ist stark bedroht.

Welche Tiere leben im Regenwald?

In keinem anderen Lebensraum gibt es so viele unterschiedliche Tierarten wie im Regenwald. Das dichte Blattwerk bietet vielen bedrohten Lebewesen eine letzte Zuflucht.

In den asiatischen Regenwäldern beispielsweise leben Tiger und Orang-Utans. Orang-Utan bedeutet übrigens „Waldmensch“ und weil uns diese Affen so ähnlich sind, werden sie immer noch gefangen und verkauft.

In den afrikanischen Regenwäldern sind zum Beispiel Gorillas und Schimpansen zu Hause. Auch diese Menschenaffen sind bedroht. Sie sind in ihrem Lebensraum durch Wilderei gefährdet und durch die Ausbreitung des Menschen, der ihre Umgebung zerstört. Die Regenwälder Südamerikas sind die Heimat des Jaguars und zahlreicher Papageienarten. Auch diese Tiere werden von den Menschen erbarmungslos gejagt, gefangen und verkauft.

Mit der Zunge fangen Chamäleons ihre Beute. Dies passiert so schnell, dass man es mit dem bloßen Auge nicht sehen kann.

Weißt du's?

1 Wie nennt man die älteren Männchen einer Gorillafamilie?
- Schwarzhaupt
- Schwarzfuß
- Silberauge
- Silberrücken

2 Wo leben Tiger?
- Afrika
- Asien
- Südamerika
- Antarktis

3 Was bedeutet das Wort „Orang-Utan“?
- Orangen-Affe
- Waldläufer
- Waldmensch
- Kleiner Mensch

1. Silberrücken 2. Asien 3. Waldmensch

Das feucht-warme Klima aller Regenwälder ist natürlich ideal für Insekten und Schlangen. Hier leben auch verschiedene Echsen wie beispielsweise die Chamäleons.

Der Ozelot hat im Regenwald reiche Beute gemacht. Sein Opfer: ein grüner Leguan.

Wasserfälle im brasilianischen Regenwald bieten vielen Touristen ein beeindruckendes Naturschauspiel. Die Wassermassen stürzen bis zu 100 Meter in die Tiefe.

WALD

Was ist ein Wald?

Ein Wald ist eine große, mit Bäumen bewachsene Landschaft. Je nachdem wo dieser Wald liegt, kann er unterschiedlich aussehen. In Europa und Nordamerika findet man überwiegend Nadelwälder. Hier wachsen hauptsächlich Tannen, Fichten und Kiefern – das sind sogenannte Nadelbäume. Sie heißen so, weil ihre Blätter so klein und spitz sind wie Nadeln. Nadelhölzer gehören zu den immergrünen Pflanzen.

Im Unterschied zum reinen Nadelwald gibt es auch Laubwälder. Hier stehen beispielsweise Buche und Ahorn dicht beieinander. Diese Bäume verlieren im Winter die Blätter und treiben neue im Frühjahr aus. Am häufigsten findet man jedoch sogenannte Mischwälder. Dort stehen sowohl Nadel- als auch Laubbäume.

In südlichen Ländern findet man den tropischen Regenwald. Dazu gibt es mehr Informationen auf den Seiten 126–127. Der Wald ist der wichtigste Lebensraum für Landtiere.

Wozu brauchen wir den Wald?

Der Wald ist nicht nur der ideale Lebensraum für viele Tiere, sondern auch für die Menschen wichtig. Bäume produzieren mit ihren grünen Blättern Sauerstoff und den brauchen wir zum Leben. Außerdem haben Blätter die Fähigkeit, giftige Stoffe aus der Luft zu filtern und

Der Igel war ursprünglich ein Waldtier, ist aber heute auch in Gärten und Parks zu finden.

Der Wald ist die Lebensquelle vieler Pflanzen und Tiere. Für das Leben auf der Erde liefern die Blätter der Bäume lebenswichtigen Sauerstoff.

auch das ist für uns Menschen sehr wichtig. Davon einmal abgesehen, ist Holz ein wichtiger Rohstoff, aus dem sich viele Dinge machen lassen.

Die drei Waldstockwerke

Wie in einem Hochhaus unterteilt man auch den Wald in Stockwerke. Jedes für sich ist ein wichtiger Lebensraum.

Der Waldboden bietet den Pflanzen Halt und Nahrung. In ihm leben Milliarden von winzigen Lebewesen, angefangen von Bakterien bis zum Regenwurm. Auch Mäuse, Hamster und Dachse wohnen da. Auf dem Waldboden bilden sich oft Moospolster, die Wasser speichern und Kleintieren einen Unterschlupf geben. Kräuter, Gräser, Farne und Waldblumen bilden die Krautschicht. Sie ist die Heimat von Hase, Igel und anderen Kleintieren. Schmetterlinge und Käfer tummeln sich da.

Die Krautschicht bietet auch den großen Pflanzenfressern Nahrung. Hirsche, Rehe und Wildschweine ernähren sich von diesen Pflanzen.

Zur Gehölzschicht gehören die größeren Sträucher und Bäume. Bis zu 30 Meter ragen Bäume in gesunden Wäldern auf und bieten Eichhörnchen, Vögeln und vielen Insekten Platz. Die Kronen der hohen Bäume bilden das Dach des Waldes.

Bäume – Giganten des Waldes

Bäume gehören zu den größten Pflanzen auf der Erde und manche können bis zu 5000 Jahre alt werden. Wie alt ein Baum ist, kann man an seinem Stammumfang erkennen. In jedem Jahr legt er eine Schicht zu. Wird er gefällt, kann man an der Anzahl seiner Jah-

INFO!

Das Reh ist nicht das Kind vom Hirsch

Seit Bambi herrscht das Vorurteil, dass der Hirsch der Vater vom Reh ist. Doch in der Tat kommen beide aus ganz unterschiedlichen Tierfamilien. Die Frau vom Hirsch ist die Hirschkuh und ihre Jungen sind die Hirschkälber. Nur der Hirsch selbst trägt ein stattliches Geweih. Der Vater vom Rehkitz ist der Rehbock und die Mutter dazu nennt man Ricke. Im Vergleich zum Hirsch hat der Rehbock nur ein kleines Geweih.

resringe sein Alter ablesen. Manche Bäume stehen mehrere Hundert Jahre im Wald. Sie liefern Nahrung und Schutz für viele Waldbewohner.

Den obersten Teil der Bäume nennt man Krone. Sie besteht aus den verzweigten Ästen und den Blättern. Blätter dienen der Atmung und Verdunstung des durch die Wurzeln aufgenommenen Wassers. Der Baumstamm trägt die Krone mit den Ästen. Außen ist der Stamm von einer Rinde umgeben, die das empfindliche Innere vor Umwelteinflüssen schützt. Die Wurzeln eines Baumes nehmen ebenso viel Platz ein wie seine Krone. Sie verankern den Baum im Waldboden, versorgen ihn mit Wasser und Nährstoffen.

Das Leben im Wald ist ein Kreislauf

Abgefallenes Laub ist Nahrung für die Bodentiere, wie beispielsweise Regenwürmer. Sie zerlegen bei der Verdauung Laub, Nadeln und abgestorbene Pflanzenteile in Mineralien. Das sind wichtige Stoffe, die wiederum als Dünger für die Pflanzen wirken. Wenn die Pflanzen gut gedeihen, gibt es reichlich Nahrung für die Tiere, die im Wald leben.

Typische Waldtiere

Im Wald leben ganz unterschiedliche Tiere. Zu den kleinsten gehören die verschiedenen Insekten, Spinnen und Würmer. Auch Hasen, Dachse, Igel, Füchse, Mäuse und Hamster sind typische Waldbewohner. Die großen Tiere des Waldes sind Wildschweine, Rehe und Hirsche. In entlegenen Wäldern gibt es auch noch Bären, Wölfe und Luchse, hierzulande sind sie allerdings fast ausgestorben.

WIESE

Der Löwenzahn ist auf jeder Wiese zu finden. Er gilt als Unkraut. Jedes Kind kennt ihn sicherlich als Pusteblume.

Wie entsteht eine Wiese?

Wenn wir einen Spaziergang durch eine blühende Wiese machen, freuen wir uns über die Schönheit der Natur. Dabei wissen nur wenige, dass die Wiese eigentlich gar keine ursprüngliche Natur ist. Wiese ist eine Kulturlandschaft, wurde also einmal von Menschenhand geschaffen.

Vor vielen Tausend Jahren war die Landschaft in Europa ausschließlich mit Wald bedeckt. Dann wurden die Menschen sesshaft und rodeten Wälder, um Ackerland zu gewinnen. Auf diese Flächen kam nun mehr Licht und so wuchsen allmählich Gräser und Kräuter. Bald kamen auch Blumen hinzu und so entstanden die Wiesen.

Wer lebt in der Wiese?

Die Kulturlandschaft Wiese wurde im Laufe der Jahrhunderte von zahlreichen Tieren erobert. Hier leben verschiedene Insektenarten, Käfer, Spinnen, Würmer und kleine Nagetiere. Auch viele Vogelarten haben in der Wiese ein neues Zuhause gefunden. Der neue Lebensraum war also durchaus eine Bereicherung für die Natur.

Wiesen bestehen hauptsächlich aus Gras. Gräser sind sehr robust und können fast überall wachsen. Sie sind ideal als Futter für Pflanzenfresser. Die bunten Blumen, die auf der Wiese blühen, locken Insekten an, die hier den süßen Nektar sammeln. Die Bienen geben uns sogar etwas davon ab, weil sie daraus nämlich den leckeren Honig produzieren. Wunderschön anzuschauen sind die bunten Schmetterlinge, die im Sommer über die Wiesen flattern. Die Wiese ist ihr Zuhause. Dort wächst ihr Nachwuchs heran, der als gefräßige Raupe in den Wiesen lebt.

Mäuse und Ameisen leben in dem Boden unter der Wiese. Hier gibt es ideale Bedingungen für ihre unterirdischen Bauten.

Eine Paradies für Vögel ist die Wiese natürlich auch. Hier finden sie Nistplätze und reichlich Nahrung für sich selbst und ihren Nachwuchs.

Ist die Wiese für den Menschen nützlich?

Früher einmal fanden die Menschen Wiesen sehr nützlich. Sie brauchten sie, um ihr Vieh darauf grasen zu lassen. Im Sommer pflückten sie die bunten Blumen und sammelten viele heilsame Kräuter, um sie zu trocknen und daraus Tees zu machen.

Das alles zählt heute nicht mehr viel, denn der Mensch möchte die Natur immer wieder nach seinen Vorstellungen verändern. Auch die Wiese bleibt davon

Schmetterlinge brauchen Blumen. Weil die Pflanzenvielfalt nachlässt, verschwinden auch die Schmetterlinge, wie dieser Ritterfalter.

Das Gänseblümchen steht auf fast jeder Wiese. Zum Pflücken eigentlich viel zu schade.

nicht verschont. Heute gibt es immer weniger Wiesen mit bunten Blumen und Kräutern. Dafür haben Insekten- und Unkrautvernichtungsmittel gesorgt. Auf vielen Wiesen wächst nur noch Gras und Löwenzahn. Und mit der Vielfalt der Wiesenpflanzen geraten auch die Wiesenbewohner zunehmend in Gefahr. Viele sind schon vom Aussterben bedroht, unzählige sind einfach verschwunden, ohne dass wir es überhaupt bemerkt haben.

Warum sind Blumen bunt?

Fast überall auf der Erde gibt es Blumen in den unterschiedlichsten Farben. Wenn wir Blumen sagen, meinen wir damit die bunten Blüten verschiedener Pflanzen. In den Blüten ist der Samen, der zur Fortpflanzung der Pflanzen gehört. Mit den bunten Farben locken die Blumen unterschiedliche Insekten an, die sich von süßem Nektar und Blütenpollen ernähren. Wenn eine Biene, Hummel oder ein Käfer den Nektar schlürft, bleiben die staubfeinen Pollen an den Tierchen hängen und werden so zu anderen gleichartigen Pflanzen getragen, zum Beispiel von Apfelblüte zu Apfelblüte. Das nennt man Bestäubung. Aus den Pollen wachsen Pollenschläuche bis in die Samenanlage des Fruchtknotens. Durch den Schlauch rutschen Samenzellen zu den Eizellen und befruchten sie. Nun kann sich neuer Samen entwickeln.

Biene beim Nektarsammeln

Weißt du's?

1 Wie heißt die pfiffige Zeichentrick-Biene?

- Marlies
- Marie
- Maja
- Mara

2 Was wird aus dem Nektar, den Bienen sammeln?

- Honig
- Schokocreme
- Nusscreme
- Butter

3 Warum sind Marienkäfer rot?

- Um Insekten anzulocken
- Um Feinde abzuschrecken
- Um Blumen ähnlich zu sehen
- Um dem Menschen zu gefallen

1. Maja 2. Honig 3. Um Feinde abzuschrecken

Sterben die Blumen, sterben die Insekten!

Die Wiese ist ein einzigartiges Ökosystem, in dem Pflanzen und Tiere stark aufeinander angewiesen sind. Stört der Mensch dieses natürliche Gleichgewicht, so leiden alle Lebewesen – Pflanzen und Tiere gleichermaßen. Zum Glück hat man das inzwischen erkannt und versucht, immer mehr natürliche Wiesenlandschaften zu erhalten oder neu anzulegen.

Heute eine Seltenheit: Die vielen Blumen- und Gräserarten ergeben ein wunderschönes Bild.

Der Rosenkäfer liebt bunte Blüten. Deshalb trifft man ihn häufig beim Nektarnaschen.

WÜSTE UND SAVANNE

Was ist eine Wüste?

Wenn wir Wüste hören, denken wir sofort an Sand. Auf der Erde gibt es aber nicht nur Sandwüsten, wie wir sie aus Filmen kennen, sondern auch Steinwüsten oder Eiswüsten. Man bezeichnet also Gegenden, in denen es wenig Tiere, Menschen und Pflanzen gibt, als Wüsten. Solche kargen Landschaften entstehen, wenn sie zum Beispiel durch Gebirge von den Regen bringenden Wolken abgeschirmt werden, wie die Wüste Nevada oder die Wüste Gobi. Die bekannteste und größte Wüste der Welt ist die Sahara in Afrika.

Es gibt kaum noch wilde Kamele in der Wüste. Heute werden sie von den Menschen als Reit- und Transporttiere gezüchtet.

Die Menschen, die in der Wüste leben, haben sich in ihrem Lebensstil dem Umfeld angepasst. Sie sind Nomaden. Das bedeutet, sie ziehen mit ihren Familien und Tieren auf der Suche nach Wasser umher.

Gibt es Leben in der Wüste?

Auf den ersten Blick sehen Wüsten ziemlich leer und ausgestorben aus. Nur wenige Pflanzen und Tiere können sich den harten Lebensbedingungen anpassen. Viele Wüstenpflanzen überleben nur, weil sie Wasser für eine lange Trockenperiode speichern. Typische Vertreter dieser Pflanzengattung sind die Kakteen. Die meisten wachsen nur bei Regen. Dann keimen ihre Samen aus und bilden Blüten. Schon nach wenigen Tagen ist das Schauspiel vorbei, die Blüten sterben ab. Die Samen fallen zu Boden und warten bis zum nächsten Regen.

Oasen sind insbesondere für Sandwüsten typisch. Wo sich Wasser im Untergrund sammelt, entstehen solche grünen Inseln mitten in der Wüste. Dort bauen Menschen Dattelpalmen und Obst an.

Kakteen sind die idealen Wüstenpflanzen. In ihren dicken Stämmen speichern sie Wasser für ein ganzes Jahr.

Welche Wüstentiere gibt es?

Alle, die in der Wüste überleben wollen, müssen sich der extremen Umwelt anpassen. Zum Beispiel die Dromedare (ein Höcker) und Kamele (zwei Höcker). In ihren Höckern speichern sie Fett und Flüssigkeit. Deshalb können die Tiere bis zu 14 Tage ohne Wasser auskommen. In der Wüste gibt es darüber hinaus einige Käferarten und Insekten, Schlangen und giftige Skorpione.

Dort wo es Wasser gibt, gibt es auch Leben. Durch künstlich angelegte Oasen entstehen ganze Städte in der Wüste.

Ein überwältigender Anblick: Die rotgoldenen Sanddünen in der Sahara türmen sich zu gewaltigen Berglandschaften auf.

Was ist eine Savanne?

Afrikanische Savannen sind Übergangsgebiete zwischen tropischem Regenwald und der Wüste. Zu manchen Jahreszeiten sieht die Savanne sogar wie eine Wüste aus mit vertrockneten Bäumen, Büschen und Gräsern. Savannen nennt man weite Graslandschaften, in denen zur Trockenzeit nur wenig wächst. Im Gegensatz zur Wüste fällt hier aber in bestimmten Jahreszeiten viel Regen. Diese Perioden nennt man Regenzeiten. Das Wasser verwandelt das trockene Gebiet dann ganz plötzlich in üppiges Grün.

Wo gibt es überall Savannen?

Savannen sind weite Graslandschaften im wechselwarmen Tropenbereich. Savannenähnliche Gebiete gibt es auch in anderen Klimazonen. In Nordamerika nennt man sie Prärien, in Südamerika sind es die Pampas und in Asien werden sie als Steppen bezeichnet. In der tropischen Savanne Afrikas mit ihren weiten Graslandschaften wachsen viele verschiedene Gräser, einzelne Büsche und Bäume. Ein typischer Savannenbaum ist zum Beispiel die Schirmakazie.

Welche Tiere leben in der Savanne?

Die afrikanische Savanne ist ein Paradies für Tiere aller Art. Nach der Regenzeit, wenn alles saftig und grün ist, ziehen viele Tausend Tiere durch die riesigen Ebenen. Die afrikanische Savanne ist unglaublich groß, sie entspricht etwa einer Größe von Frankreich und Spanien zusammen. Zebras und Gnus, Antilopen und Gazellen, Büffel und Giraffen sind ständig auf der Suche nach den besten Futterplätzen. Wo sich die Grasfresser (oder Huftiere) wohlfühlen, sind die Fleischfresser (oder Raubtiere) nicht weit. Mit den riesigen Herden ziehen Löwen und Leoparden durch die Savanne, dicht gefolgt von den Hyänen und Schakalen, die sich um die Überreste der Jagdbeute kümmern. Auch Elefanten leben in der Savanne. Die Dickhäuter waren lange Zeit vom Aussterben bedroht. Leider töten immer noch Wilderer Elefanten, um an das wertvolle Elfenbein ihrer Stoßzähne zu kommen.

INFO!

Tierwanderung in der Serengeti

In den Savannengebieten nahe dem Äquator bestimmen nicht Frühling, Sommer, Herbst und Winter den Jahreslauf, sondern der Wechsel von Regenzeiten und Trockenperioden. Die Tiere dieser Region folgen dem Regen, denn er verspricht frisches Gras und ausreichend Wasser. Deshalb begeben sich im Serengeti-Nationalpark (Tansania) die Tiere auf die Wanderschaft. Schätzungsweise 1,5 Millionen Gnus, 450 000 Gazellen, 20 000 Büffel, 7000 Giraffen und 2500 Elefanten sind dann alle auf einmal unterwegs. Im Schlepptau wandern Löwen und Geparden mit. Es ist, als ob ein Startschuss die Massenwanderung in Bewegung setzt. Die riesigen Herden kennen keine Grenzen – sie ziehen von Tansania nach Kenia und wieder zurück, immer im Kreis und immer dem Regen hinterher.

Die Savanne ist der Lebensraum sehr vieler Tiere. Giraffen und Antilopen gehören auch dazu.

Die Kob-Antilope lebt in der Savanne.

DAS TIERREICH

Fünf Millionen Tierarten gibt es auf der Welt

Man kennt heute 1,5 Millionen unterschiedliche Tierarten. Diese sind genau beschrieben und Wissenschaftlern in aller Welt bekannt. Man vermutet aber, dass es mindestens fünf Millionen Tierarten auf der Erde gibt. Viele von ihnen wurden also noch gar nicht entdeckt. Bis vor 250 Jahren kannten die Zoologen nur etwa 4200 Tierarten. Viele Naturvölker wussten jedoch von Tieren, von denen die Zoologen bis dahin noch nie etwas gehört hatten. Erst im letzten Jahrhundert wurden die meisten Tierarten von Wissenschaftlern entdeckt und genau beschrieben.

Die tropischen Vogelspinnen sind braunschwarz und stark behaart.

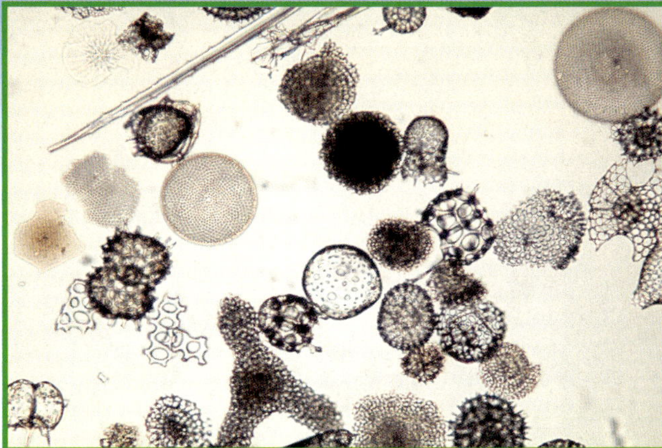

Diese Strahlentierchen sind winzige Einzeller, die zu Milliarden im Indischen Ozean leben.

Vom Einzeller zum Vielzeller

Alle Tiere bestehen aus winzigen Zellen. Je höher ein Tier entwickelt ist und je größer es ist, desto mehr Zellen besitzt es. Die Zellen hoch entwickelter Tiere übernehmen im Körper ganz bestimmte Aufgaben: Eine Gruppe von Zellen baut zum Beispiel die Knochen auf, eine andere die Muskeln. Wieder andere Zellen bilden die Haut oder ein inneres Organ wie das Gehirn oder die Leber.

Die einfachsten Lebewesen bestehen nur aus einer einzigen Zelle. Diese muss alle wichtigen Aufgaben erfüllen: Sie muss Nahrung aufnehmen und Abfallstoffe ausscheiden. Sie muss atmen, wachsen und sich vermehren. All dies kann ein Einzeller (so nennt man diese Lebewesen). Man findet sie heute in Flüssen, Seen oder im Meer. Im Wasser sind sie vor unvorstellbar langer Zeit entstanden. Aus solchen einzelligen Lebewesen entwickelten sich im Laufe von vielen Millionen Jahren Tiere, Pflanzen und Pilze.

Aus den frühen tierischen Einzellern wurden einfache Tiere wie die Urschwämme. Damals entstanden auch schon höher entwickelte Tiere wie die Urkorallen und die Urquallen. Einige Arten veränderten sich im Laufe der Entwicklungsgeschichte weiter. Sie passten sich ihrer veränderten Umwelt an. Auf diese Weise entstanden erste Würmer, Weichtiere, Gliedertiere und schließlich Wirbeltiere. Alle Tiere stammen also von gemeinsamen Vorfahren ab. Allerdings kennen wir nicht alle Übergangsformen. Die Verwandtschaftsverhältnisse sind ziemlich kompliziert und welche Tierarten miteinander verwandt sind, ist manchmal

Geparden: Die gefleckten Raubkatzen sind die schnellsten landlebenden Säugetiere. Aus dem Stand erreichen sie innerhalb von Sekunden eine Geschwindigkeit von ca. 110 km/h.

Das Schwert des Fächerfisches (links) und das des Schwertfisches wird über 1 m lang.

Delfine gehören zu den intelligentesten Säugetieren. Leider werden viele Delfine als Zuschauerattraktion in Freizeitparks gehalten.

verblüffend. So sind die Reptilien beispielsweise näher mit den Vögeln verwandt als mit den Fröschen. Zu den höchstentwickelten Lebewesen gehören die Säugetiere. Zu ihnen gehören Affen und Menschen. Sie entwickelten sich zuerst gemeinsam. Vor rund zehn Millionen Jahren trennten sich jedoch ihre Wege. Damals erschienen auf der Erde die ersten menschenähnlichen Lebewesen.

Ordnung im Tierreich

Um Tiere bestimmten Gattungen zuordnen zu können, haben Wissenschaftler ein besonderes System erdacht.

Papageien leben in tropischen Wäldern. Sie ernähren sich von Samen, Früchten und Insekten.

INFO!

Erdzeitalter

Vor ungefähr 3,5 Milliarden Jahren entwickelten sich in dem Urmeer auf der Erde sogenannte Einzeller. Aus ihnen entstanden alle Lebewesen bis hin zum Menschen. Darüber vergingen Hunderte Millionen Jahre. In dieser unvorstellbar langen Zeit hatte die Erde viele Gesichter. Mal war es heiß und schwül, mal kalt und nass. In jeder Zeit lebten unzählige Tiere, Pflanzen und Pilze. Sie verschwanden wieder und machten neuen Arten Platz. Viele von ihnen hinterließen Spuren im Gestein. Wir bezeichnen diese Überreste aus vergangenen Zeiten der Erdgeschichte als Fossilien. Mit Hilfe der Fossilien können Wissenschaftler heute beschreiben, wie die Welt vor Millionen von Jahren ausgesehen hat. Dadurch wissen wir auch, welche Tiere in welchen Erdzeitaltern gelebt haben.

Bestimmte Eigenschaften und Fähigkeiten ordnen Tierarten automatisch in dieses System ein. Man unterscheidet zwölf Gruppen. Säugetiere, Vögel, Reptilien, Amphibien, Fische, Insekten, Krebse, Spinnentiere, Weichtiere, Stachelhäuter, Nesseltiere und Schwämme sowie Würmer.

Krokodile legen Eier an Land in Nester aus Pflanzen und Lehm. Schlüpfen die Jungen, nimmt das Weibchen sie einzeln in das Maul auf und trägt sie ins Wasser.

SÄUGETIERE

Säugetiere sind überall zu Hause

Die Säugetiere sind die am höchsten entwickelte Tiergruppe der Erde. Sie erschienen vor rund 200 Millionen Jahren auf unserem Planeten und waren damals noch sehr klein. Erst nach dem Aussterben der Dinosaurier konnten sie sich ausbreiten. Als gleichwarme Tiere eroberten sie jeden Lebensraum. Es gibt Säugetiere auf dem Land, im Wasser und in der Luft.

Die Kuh gehört zu den bekanntesten Säugetieren. Auch der Mensch ernährt sich von ihrer Milch.

Säugetiere haben Milchdrüsen

Das ist das wichtigste Merkmal dieser Tiergruppe. Der Nachwuchs entwickelt sich im Mutterleib und kommt als lebensfähiges Wesen auf die Welt. Es gibt unter den Säugetieren nur zwei Ausnahmen: die Schnabeltiere und die Ameisenigel. Diese urtümlichen Säugetiere legen Eier, aus denen die Jungen schlüpfen. Eine andere Besonderheit findet man bei den Kängurus.
Bei der Geburt sind die Kleinen nur so groß wie ein Fingernagel. Sie kriechen in den Brutbeutel der Mutter, wo sie gesäugt werden und weiterwachsen. Ein Elefantenbaby oder ein Blauwaljunges hingegen sind bei der Geburt riesig groß.

Um den Nachwuchs groß zu kriegen, werden die Babys mit Muttermilch gefüttert. Nur Säugetiere haben Milchdrüsen, die diese produzieren können.

Ein kräftiger Seeelefantenbulle versammelt oft mehr als ein Dutzend Weibchen in seinem Harem. Sie bekommen alle Junge von ihm.

Ein großes Gehirn

Bei Säugetieren ist das Großhirn besser entwickelt als bei anderen Tieren. Damit verbunden ist die Fähigkeit zu „denken“. Aber natürlich denken Tiere nicht so wie wir Menschen. Nur Menschenaffen sind in der Lage, manche Handlungen zu steuern. Das spricht für ein gewisses Maß an Intelligenz. Durch ihr Gehirn haben viele Säugetiere die Fähigkeit, bestimmte Dinge zu lernen. Dadurch sind sie anderen Tieren überlegen.

Anpassung an Kälte und Wärme

Vögel haben Federn, Schlangen haben Schuppen, aber nur Säugetiere haben Haare. Sie erhalten ihre Körpertemperatur sowohl bei Kälte als auch bei großer Hitze aufrecht. Bei den meisten Säugetieren ist der gesamte Körper behaart. Sie tragen einen Pelz wie der Bär. Säugetiere können auch als einzige schwitzen, sie besitzen Schweißdrüsen, die in der Haut liegen.

Obwohl sie keine Haare, sondern eine glatte Haut haben und im Wasser leben, sind Wale und Delfine Säugetiere. Der Grönlandwal lebt entlang der Packeisgrenze der Arktis.

Das größte fliegende Säugetier ist der Kalong. Der Flughund hat eine Spannweite von 1,40 m.

Pflanzenfresser, Fleischfresser, Allesfresser

Die meisten Säugetiere sind Pflanzenfresser. Je nach Größe müssen sie gewaltige Mengen an Pflanzen zu sich nehmen, um satt zu werden. Ein ausgewachsener Elefant etwa braucht pro Tag bis zu 300 Kilogramm Grünfutter. Die Fleischfresser unter den Säugetieren können länger hungern als Pflanzenfresser. Das hat die Natur geschickt eingerichtet, denn nicht jeden Tag gelingt es, ein Tier zu erbeuten und sich satt zu fressen. Besser sind da schon die Allesfresser dran. Sie nehmen sowohl pflanzliche als auch tierische Nahrung zu sich. Ein bekannter Allesfresser ist das Schwein. Auch manche Raubtiere wie Bären sind solche Allesfresser, auch wenn sie sich überwiegend von pflanzlicher Kost ernähren. Welche Kost Tiere bevorzugen, kann man am Gebiss erkennen.

Nagetiere gibt es viele

Die Nagetiere sind die größte Säugetiergruppe. Die meisten von ihnen sind Pflanzenfresser. Sie umfassen fast die Hälfte aller Säugetierarten. Manche sind sehr klein wie die Zwergmaus, die mit Schwanz nur zehn Zentimeter lang wird. Am größten wird das Wasserschwein mit 1,20 Meter Länge. Man unterscheidet vier Gruppen von Nagetieren: Mäuse, Hörnchen, Meerschweinchen, Stachelschweine sowie deren jeweilige Verwandte. Alle besitzen sie Nagezähne. Das sind die oberen und unteren Schneidezähne. Da sie sich stark abnutzen, wachsen sie ständig nach. Wenn Nagetiere nichts zu nagen haben, wachsen die Zähne immer weiter und versperren dem Tier schließlich das Maul.

Raubtiere sehen ganz unterschiedlich aus

Raubtiere jagen und fressen andere Tiere. Dazu hetzen sie ihre Beute oder schleichen sich an. Man erkennt die Raubtiere an ihren dolchartigen Eckzähnen und den Reißzähnen. Fast alle besitzen scharfe, kräftige Krallen, mit denen sie ihre Beute schlagen. Eines der kleinsten Raubtiere ist das Mauswiesel. Es wird nur etwa 20 Zentimeter lang. Das größte ist der Seeelefant. Man unterscheidet katzenartige Raubtiere (wie Löwe, Tiger und Leopard) und hundeartige Raubtiere (wie Wölfe und Füchse).

Weißt du's?

1 Wie nennt man die Kinder des Wildschweins?

- Jünglinge
- Jährlinge
- Frischlinge
- Neulinge

2 Wie heißen männliche Rehe?

- Hirsch
- Bock
- Rüde
- Widder

3 Wie groß sind Kängurubabys bei ihrer Geburt?

- So groß wie ein Daumen
- So groß wie ein Fingernagel
- So groß wie ein Tennisball
- So groß wie ein Hühnerei

1. Frischlinge 2. Bock 3. So groß wie ein Fingernagel

Der Löwe gilt als der König der Tiere.

Wölfe gehören zu den hundeartigen Säugetieren. Sie leben in Rudeln in Wäldern und sind sehr menschenscheu.

VÖGEL

So ungefähr sah der Urvogel Archaeopteryx aus.

Fliegende Echsen

Die Vögel erschienen vor etwa 150 Millionen Jahren auf unserem Planeten. Sie entwickelten sich aus den Sauriern. Die ersten vogelähnlichen Wesen sahen aus wie fliegende Echsen. Sie besaßen Zähne im Maul, hatten aber schon Federn. Als Urvogel gilt der Archaeopteryx. Das huhngroße Wirbeltier flatterte noch ungeschickt in der Luft. Heute leben über 9000 Arten von Vögeln in fast allen Lebensräumen der Erde.

Flieger und Nichtflieger

Das auffälligste Merkmal der Vögel ist, dass sie fliegen können. Doch beherrschen keineswegs alle diese Kunst. Die Pinguine zum Beispiel bewegen sich im Wasser so geschickt wie Fische, aber zum Fliegen taugen ihre Stummelflügel nicht. An Land watscheln sie unbeholfen herum. Die Mauersegler verbringen dagegen fast ihr ganzes Leben in der Luft. Vögel, die fliegen, sind anders gebaut als Laufvögel. Sie haben ein leichtes Skelett aus hohlen Knochen. Ihre Arme sind zu Schwingen umgewandelt und besitzen kräftige Muskeln.

Ein Kleid aus Federn

Alle Vögel haben ein Federkleid, auch wenn sie nicht fliegen können. Die Federn bestehen aus einem hornähnlichen Stoff, den man Keratin nennt. Das ist ein Material, das sich mit unseren Haaren oder Fingernägeln vergleichen lässt. Dicht auf der Haut des Vogels sitzen die Daunen. Sie halten den Körper warm. Die Deckfedern sind kräftiger. Sie liegen wie Dachziegel übereinander angeordnet und geben dem Vogel seine Gestalt. Die Schwungfedern haben einen biegsamen Schaft. Mit diesen Federn fliegt der Vogel. Die Schwanzfedern sind die längsten. Damit steuert und bremst der Vogel seinen Flug. Einmal im Jahr wird das Federkleid komplett erneuert. Diesen „Federwechsel“ nennt man Mauser.

Nirgendwo finden sich so viele verschiedene Vögel auf einmal wie zu Brutzeiten an den Meeresklippen.

Wie Vögel fliegen

Nicht alle Vögel fliegen gleich gut. Einige schlagen dauernd mit den Flügeln, um sich fortzubewegen. Andere können stundenlang ohne einen Flügelschlag in der Luft segeln. Die Flugweise hängt wie die Fluggeschwindigkeit von der Flügelform ab. Die schnellsten Flieger sind die Falken und die Mauersegler. Sie haben lange, sichelförmige Flügel. Hühnervögel haben kurze und runde Flügel. Sie können zwar schnell auffliegen, halten aber nicht lange durch.

Nester und Eier

Die meisten Vögel bauen Nester. Die Weibchen legen Eier hinein und brüten sie aus. Oft brüten Männchen und Weibchen auch gemeinsam. Die Jungen, die gefüttert werden, nennt man Nesthocker. Dagegen verlassen sogenannte Nestflüchter bald das Nest und suchen selbst Futter. Das sind vor allem die Jungen der Bodenbrüter.

Adler sind große Greifvögel mit kräftigem Schnabel. Es ist schwer, sie auf ihren Horsten in der Felswand zu sichten.

Der afrikanische Dorfweber webt ein kunstvolles Nest aus Palmenblattstreifen. Das Weibchen polstert es aus.

Vogeleier

Singdrossel

Raubwürger

Buchfink

Mäusebussard

INFO!

Kann der Wellensittich sprechen?

Wellensittiche kommen aus Australien und sind mit den Papageien verwandt. Sie sind als Haustiere sehr beliebt, weil man sie züchten und zähmen kann. Sie sind sehr anhänglich und sprachbegabt. Werden sie als Einzelvogel aufgezogen, lernen sie ganze Sätze nachzusprechen und Melodien nachzupfeifen. Allerdings wissen sie nicht, was sie sagen.

Einsiedlerkolibri

Steinadler

Kernbeißer

Säbelschnäbler

Mit Schnäbeln und Krallen

Wie bei anderen Tieren gibt es auch unter den Vögeln Nahrungsspezialisten. Greifvögel zum Beispiel fressen nur Fleisch. Sie machen Jagd auf Tiere. Für diese Ernährungsweise sind sie besonders ausgerüstet. Sie besitzen kräftige, scharfe Schnäbel und spitze Krallen. Kernbeißer haben dicke, kegelförmige Schnäbel, die wie Nussknacker wirken. Viele Vögel sind Insektenfresser mit spitzen, pinzettenartigen Schnäbeln. Kolibris ernähren sich vor allem vom Nektar der Blüten. Ihre Schnäbel sind besonders lang und dünn.

Wie finden Zugvögel ihren Weg?

Die meisten Vögel ziehen in der kalten Jahreszeit, in der sie nur wenig Nahrung finden, in wärmere Gebiete. Am Ende des Sommers haben sie genug Fett gespeichert, um die große Reise durchzustehen. Ihr Instinkt sagt ihnen, wann es Zeit wird loszufliegen. Auf ihrem Flug nach Süden halten sie ganz bestimmte Routen ein. Selbst Jungvögel, die zum ersten Mal dabei sind, kennen ihren Weg genau. Die Vögel richten sich nach dem Stand der Sonne und der Sterne sowie nach dem Magnetfeld der Erde. Den längsten Weg hat die Küstenseeschwalbe: Sie fliegt vom Nordpol zum Südpol und legt dabei fast 20 000 Kilometer zurück.

Als Schwimmvögel leben Graugänse am liebsten im Wasser. Zur Überwinterung ziehen sie in die Mittelmeerländer.

INSEKTEN

Der Herkuleskäfer aus Mittelamerika ist eines der größten Insekten. Er wird fast 20 cm lang.

Das große Krabbeln

Rund zwei Drittel aller Tiere sind Insekten. Man kennt über eine Million Arten. Die Insekten waren die ersten Lebewesen, die fliegen konnten. Vor etwa 370 Millionen Jahren eroberten sie die Luft. Seither haben sie sich über alle Lebensräume verbreitet. Sie leben auf dem Land und im Wasser, im Eis und in der Wüste. Sie sind Pflanzenfresser, Räuber oder Schmarotzer. Die meisten Insekten leben einzeln. Einige bilden aber auch die größten aller Tiergemeinschaften.

Was ist ein Insekt?

Insekten sind wirbellose Tiere. Zu ihnen zählen viele Tierarten, die sich untereinander kaum ähnlich sehen: Käfer und Schmetterlinge, Ameisen und Heuschrecken, Wanzen und Libellen. Alle diese Insekten besitzen ein äußeres Skelett aus einem hornähnlichen Stoff, dem Chitin. Ihr Körper besteht aus drei Teilen: Kopf, Brust und Hinterleib. Am Bruststück sitzen drei Beinpaare. Insekten haben also sechs Beine. Darin unterscheiden sie sich von Spinnen, die acht Beine besitzen. Fast alle Insekten haben auch zwei Paar Flügel. Und sie besitzen Fühler am Kopf. Damit können sie riechen, schmecken und tasten.

Vom Ei zum fertigen Insekt

Insekten legen Eier. Aus diesen schlüpfen Larven. Sie sehen meist völlig anders aus als ihre Eltern. Die Larven wachsen, häuten sich und verpuppen sich nach einiger Zeit. In der Puppe vollzieht sich eine vollkommene Verwandlung und aus ihr schlüpft das fertige Tier. Manche Insekten wie die Heuschrecken machen eine unvollständige Verwandlung durch. Ihre Larven ähneln bereits dem fertigen Tier. Sie werden von Häutung zu Häutung größer. Die aus der Puppe geschlüpften Insekten wachsen nicht mehr weiter.

Vegetarier und Kannibalen

Die Speisekarte der Insekten ist lang. Viele Insekten fressen nur Pflanzen oder nur Fleisch. Unter den Vegetariern gibt es Spezialisten, die nur ganz bestimmte Pflanzen fressen. Einige haben es auf Holz abgesehen wie die Termiten. Andere fressen Wolle wie die Larven der Kleidermotte. Bienen und Schmetterlinge saugen den süßen Saft der Blüten. Wespen jagen andere Insekten, fressen aber auch Süßes. Mistkäfer und viele Fliegen fressen Aas und Kot. Libellen sind die größten Räuber unter den Insekten. Ihre Larven leben im Wasser und überfallen dort sogar kleine Fische. Wenn sie erwachsen sind, setzen sie ihr räuberisches Leben in der Luft fort. Sie jagen nun andere Insekten. Libellen sind Kannibalen, die sogar Artgenossen fressen.

Wie die meisten Insekten macht der Maikäfer eine vollkommene Verwandlung durch: Aus dem Ei schlüpft eine Larve. Sie heißt beim Maikäfer Engerling. Die Larve entwickelt sich im Boden. Nach ein paar Jahren verpuppt sie sich. Aus der Puppe schlüpft schließlich der fertige Maikäfer.

Das ist eine Rotschwanzraupe. Sie ist am Körper mit feinen weißen Härchen bedeckt.

Ohne die fleißigen Bienen, die den Nektar aus den Blüten saugen, gäbe es keinen Honig.

Werden Mücken niemals satt?

Zu den bei weitem lästigsten Insekten zählen die Mücken, die vor allem abends und nachts ihre Beute suchen. Natürlich gehören auch Tiere zu ihren Opfern, doch auch das Blut von Menschen scheint ihnen gut zu schmecken. Es wissen allerdings nur wenige, dass ausschließlich die Weibchen Blut saugen. Die Männchen benutzen den Saugrüssel, um süßen Nektar aus den Blüten zu schlürfen. Die weiblichen Stechmücken allerdings scheinen schier unersättlich. Sie können ein Vielfaches ihrer Körpergröße mit Blut vollsaugen. Die Stiche jucken unangenehm, können anschwellen und sind gerötet. In südlichen Ländern übertragen Mücken (man nennt sie dort Moskitos) auch gefährliche Krankheiten, wie beispielsweise Malaria.

Der Seidenspinner wird wie ein Haustier gezüchtet. Die Raupe des Schmetterlings spinnt sich in einen Kokon aus einem 4000 Meter langen Faden. Dieser Faden liefert uns die reine Seide.

Sind Insekten Einzelgänger?

Einige Arten schon, aber Insekten sind auch in der Lage, in größeren Gemeinschaften, man spricht von Staaten, zusammenzuleben. Ameisen und Bienen beispielsweise leben in solchen Gemeinschaften zusammen. Die einzelnen Tiere im Insektenstaat teilen sich die Arbeit: Die Königinnen sorgen für den Nachwuchs und legen Eier. Die Arbeiterinnen beschaffen die Nahrung oder verteidigen das Nest.

INFO!

Die Sprache der Bienen

Bienen fliegen oft weit, um Nektar und Pollen zu sammeln. Deshalb zeigen sie ihren Stockgenossinnen, wo es eine reiche Nahrungsquelle gibt. Die Biene, die in weiter Entfernung Nahrung gefunden hat, tanzt in Form einer 8. Tanzt sie dabei von unten nach oben, liegt die Futterquelle in Richtung Sonne. Je nachdem, wie sie von dieser Linie abweicht, weicht der Futterplatz von dem Sonnenstand ab. Je mehr die Biene mit ihrem Hinterteil schwänzelt, desto mehr Futter gibt es. Mit dem Rundtanz signalisiert die Biene eine Futterquelle in der Nähe des Stocks. Sie läuft dabei einen Kreis links- und rechtsherum.

FISCHE

Quastenflosser sind lebende Fossilien. Sie existieren seit 350 Mio. Jahren in den Tiefen des Meeres.

Entwicklung der Fische

Die Fische sind die ältesten Wirbeltiere auf der Erde. Vor rund 450 Millionen Jahren lebten in den Meeren die gepanzerten Urfische. Sie besaßen noch ein Skelett. Vor 400 Millionen Jahren hatten sich bereits die Vorfahren der heutigen Knorpelfische und Knochenfische entwickelt. Sie lebten sowohl in salzigem als auch in süßem Wasser. Wir unterscheiden Friedfische, die sich von Plankton, Insekten und Würmern ernähren, und Raubfische, die andere Tiere jagen. Fast alle Fische legen Eier, aus denen Larven schlüpfen. Manche Arten bringen aber auch lebende Junge zur Welt.

Leben im Wasser

Der Körper schnell schwimmender Fische ist spitz zulaufend, damit sie das Wasser gut teilen können und so besser vorankommen. Ihre Haut ist mit Schuppen besetzt, damit sie mit geringem Widerstand durch das Wasser gleiten. Zusätzlich ist diese Schuppenhaut mit einem Schleim überzogen, der die Fische so glitschig macht. Für die Fortbewegung im Wasser haben die Fische jeweils zwei Bauch- und zwei Brustflossen. Mit der Rücken- und Afterflosse wird die Lage im Wasser ausbalanciert. Die Schwanzflosse sorgt für den Antrieb. Ein wichtiges Organ für das Auf- und Abtauchen im Wasser ist die Schwimmblase. Sie wird je nach der Wassertiefe mit Luft gefüllt. So passt sich der Fisch stets dem Wasserdruck an.

Knochenfische und Knorpelfische

Fast alle Fische sind Knochenfische. Der größte Fisch, der Walhai, gehört allerdings zu den Knorpelfischen. Dazu gehören auch die anderen Haiarten und die Rochen. Knorpelfische besitzen im Gegensatz zu den Knochenfischen kein Knochenskelett. Ihr Körpergerüst besteht aus biegsamem Knorpel. Sie haben auch keine Schwimmblase. Deshalb können sie auch nicht im Wasser schweben wie die Knochenfische. Um sich im Wasser fortzubewegen, müssen sie selbst schwimmen und die Flossen bewegen. Ihre Haut besteht nicht aus Schuppen, sondern ist von winzigen Zähnchen besetzt. Die Atmung ist bei allen Fischen gleich, sie nehmen über ihre Kiemen den im Wasser gelösten Sauerstoff auf.

Der prachtvoll gefärbte Doktorfisch lebt in tropischen Meeren. Viele Arten bewohnen die küstennahen Korallenriffe.

Die Wanderung der Lachse zu ihren Laichplätzen ist ein gigantisches Naturschauspiel. Sie springen flussaufwärts.

Der Stör hat keine Schuppen, sondern Knochenplatten. Der bis zu 5,5 m lange Fisch lebt teils im Salzwasser und teils im Süßwasser. Seine Eier liefern den begehrten Kaviar, weshalb er vom Aussterben bedroht ist.

Fische haben sechs Sinne

Fische haben sechs Sinne. Sie können sehen, hören, riechen, schmecken und tasten. Mit den Augen können sie bis zu 20 Meter weit sehen – und das auch in Farbe. Übrigens schlafen Fische mit offenen Augen, weil sie keine Augenlider haben.

Fische hören auch Geräusche. Besonders gut ausgebildet ist jedoch ihr Geruchs- und Geschmackssinn. Ein gutes Beispiel dafür ist der Hai. Er wittert beispielsweise Blut auf große Entfernung.

Das Maul der Fische ist ihr wichtigstes Tastorgan. Zusätzlich haben viele Fische sogenannte Barteln. Das sind Hautanhänge, die wie Fühler eingesetzt werden können. Der sechste Sinn des Fisches ist das sogenannte Seitenlinienorgan. Es nimmt auch geringste Strömungsänderungen wahr, die beispielsweise durch das Auftauchen von Hindernissen oder herannahende Tiere im Wasser entstehen.

Sind Wale und Delfine auch Fische?

Wale und Delfine sind Meeresbewohner, aber sie zählen nicht zu der Tiergruppe der Fische. Der wichtigste Grund dafür: Sie atmen nicht durch Kiemen, sondern haben Lungen so wie andere Säugetiere. Sie können zwar prima die Luft anhalten, aber um Luft zu schöpfen, müssen sie an die Wasseroberfläche kommen. Außerdem bringen diese Tiere lebende Junge zur Welt und säugen sie auch. Delfine sind heute durch Treibnetze der Fischer gefährdet. Immer häufiger kommt es vor, dass Wale im Wasser die Orientierung verlieren, versehentlich Buchten und Strände ansteuern und oft qualvoll sterben.

INFO!

Rekorde bei den Fischen

Der größte Fisch ist der Walhai, der bis zu 18 Meter lang wird. Als schnellster Schwimmer gilt der Fächerfisch. Bei vollem Tempo hat er über 100 Kilometer in der Stunde drauf. Am ältesten wird der Stör. Seine maximale Lebenserwartung liegt bei 150 Jahren. Der giftigste Fisch der Meere ist der Steinfisch. Gut getarnt versteckt er sich zwischen Steinen oder im Sand. Wer mit bloßen Füßen auf ihn tritt, leidet Höllenqualen.

Der gefährlichste Speisefisch ist der Kugelfisch. Unter Wasser ist er lustig anzusehen und völlig harmlos. In Japan gilt er als Spezialität. Werden Leber, Galle und Darm beim Ausnehmen nicht auf geschickte Weise entfernt, verteilt sich ein tödliches Gift im Fischfleisch.

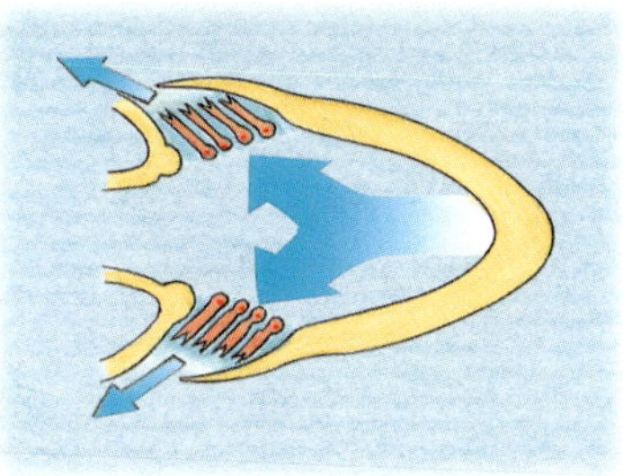

Fische pressen Wasser über das Maul durch die Kiemen und nehmen den darin gelösten Sauerstoff auf. Knochenfische haben Kiemendeckel, Haie und Rochen Kiemenspalten.

HAUSTIERE

Der Westhighlandterrier ist ein Schoßhund.

Tiere sind für Menschen nützlich

Die Beziehung zwischen Mensch und Tier ist fast so alt wie die Menschheit. Die Menschen kannten die Tiere ihrer Umgebung und jagten sie. Nicht aus Angst, sondern weil sie ihr Fleisch brauchten, um zu überleben. Während die einen noch jagten, begannen andere vor ein paar Tausend Jahren sich niederzulassen, Häuser zu bauen und wilde Tiere zu zähmen. Denn auch das war nützlich. Wilde Ziegen gaben Milch, die die Menschen gern tranken, und Ochsen hatten so viel Kraft, dass man sie zur Feldarbeit gut gebrauchen konnte. Auf gleiche Weise machten die Menschen auch Wölfe zu ihren Freunden. Das waren die Vorfahren der Hunde.

Kühe sind gutmütige Haustiere und geben noch dazu Milch.

Haustiere sind nützliche Tiere

Als Haustiere bezeichnet man alle Tiere, die im oder am Haus gehalten werden und auf die Versorgung und Pflege durch den Menschen angewiesen sind. In früherer Zeit – und bis zum heutigen Tag – waren und sind das vor allem Tiere, die dem Menschen auf irgendeine Weise nützlich sind. Diese nennt man Nutztiere. Dazu gehören seit jeher Rinder, Schweine, Schafe und Ziegen, aber auch Hühner, Enten, Gänse und Kaninchen. Man kann sie mästen (also dafür sorgen, dass sie dick und fett werden) – dann werden sie geschlachtet und gegessen. Kühe geben darüber hinaus Milch, Hühner legen Eier und Schafe tragen weiche Wolle als Fell, aus der man Kleidung herstellen kann. Bei der Haltung von solchen Nutztieren wird natürlich auch viel falsch gemacht. Vor allem in den letzten Jahren wurden immer wieder die schlimmen Verhältnisse angeprangert, unter denen Tiere leben und leiden. Zu enge Ställe und verseuchte Nahrung schaden nicht nur den Tieren, sondern schlussendlich auch den Menschen.

Haustiere erleichtern die Arbeit

Arbeitstiere helfen dem Menschen Arbeiten zu verrichten, die er alleine nicht bewältigen könnte. Natürlich wird diese Hilfe heutzutage oft von Maschinen übernommen. Früher aber brauchte man Rinder, um schwere Wagen zu ziehen oder um mit dem Pflug das Feld umzugraben. Später wurde diese Arbeit von Pferden übernommen, die man auch zum Reiten benutzte. In einigen Erdteilen gibt es immer noch Arbeitstiere. Sie werden dort eingesetzt, wo man mit Maschinenkraft allein nicht weiterkommt. So arbeiten beispielsweise Elefanten im Dschungel oder Kamele tragen schwere Lasten durch die Wüste.

Noch heute werden in vielen Ländern Esel als Last- und Transporttiere gehalten.

Schafe werden seit Urzeiten als Haustiere gehalten. Aus ihren Haaren wird Wolle, aus ihrer Milch Käse hergestellt.

Tiere können uns beschützen

Schon früh entdeckte man, dass Tiere auch zum Schutz sehr nützlich sein können. Ein typisches Wachtier ist heute noch der Hund. Er hat eine sehr enge Beziehung zu seiner „menschlichen" Familie und ist stets darauf bedacht, sie vor Feinden zu schützen. Weil Hunde sehr gelehrig sind, kann man ihnen viel beibringen. So arbeiten viele Hunde als Blindenhunde, Rettungshunde oder bei der Polizei, wo sie mit ihrer feinen Nase Rauschgift oder Sprengstoffe aufspüren.

Haustiere sind auch Schmusetiere

Sehr viele Menschen halten sich Tiere, weil sie etwas zum Liebhaben brauchen. Das ist gut und richtig, doch darf man niemals vergessen, dass man auch für das Tier verantwortlich ist. Ob man sich nun für ein Meerschweinchen, einen Hasen, einen Hamster, eine Katze oder einen Hund entscheidet – neben dem Kuscheln sind auch Pflichten mit einem Haustier verbunden. Sie müssen regelmäßig gefüttert und gesäubert werden. Hunde brauchen viel Auslauf – und Katzen wollen auch mal ihre Ruhe haben. Jedes Tier hat seine besonderen Bedürfnisse, die erfüllt werden müssen, sonst werden die Tiere krank.

Bevor man sich ein Haustier wünscht, sollte man sich gut beraten lassen, welches Tier zu einem passt. Das ist ganz wichtig. Einige Tierarten wie Meerschweinchen oder manche Vögel leben nicht gern allein und brauchen die Gesellschaft eines anderen Tieres, um sich wohl zu fühlen. Andere wiederum sind „nachtaktiv", was bedeutet, dass sie tagsüber schlafen und nachts wach sind. Weckt man beispielsweise die nachtaktiven Hamster zu oft am Tag, werden sie bissig.

Hunde haben eine innige Beziehung zu ihrer Familie. Die meisten Hunde sind sehr kinderlieb.

Weißt du's?

1 Welches wilde Tier war der Vorfahre des Hundes?

- Der Fuchs
- Der Dachs
- Der Wolf
- Die Hyäne

2 Welche Tiere werden heute noch als Arbeitstiere eingesetzt?

- Hunde und Katzen
- Schafe und Gänse
- Schweine und Tauben
- Elefanten und Kamele

3 Welchen Vögeln kann man das Sprechen beibringen?

- Papageien und Wellensittichen
- Tauben und Spatzen
- Adlern und Eulen
- Raben und Krähen

1. Wolf 2. Elefanten und Kamele 3. Papageien und Wellensittichen

BEDROHTE TIERE

Wer bedroht die Tiere?

Jede Stunde verschwinden etwa drei Tierarten von der Erde. Die meisten haben die Menschen ausgerottet. Als sie begannen, die Welt für sich zu erobern, waren die Tiere ihnen oft im Weg. Die Menschen brauchten Platz für Äcker und Häuser, für Städte und Straßen. Dadurch verloren – und verlieren – immer mehr Tiere ihren Lebensraum. Wenn der Lebensraum eines Tieres immer kleiner wird, droht dieses auszusterben. Außerdem mischt sich der Mensch immer öfter in das Zusammenleben der Tiere ein. Er unterscheidet, welches Tier nützlich und welches unnütz oder gar schädlich ist. Er stört also das natürliche Miteinander aller Tierarten. Normalerweise reguliert sich die Natur ganz gut selbst. Es werden nur so viele Nachkommen gezeugt, wie auch überleben können. Das Fehlen von natürlichen Feinden jedoch führt zu einem Überschuss bestimmter Arten, der dann wiederum vom Menschen behoben werden muss.

Die Liste der Tierarten, die durch Unvernunft oder Habgier der Menschen von der Erde verschwanden, ist sehr lang. Noch viel länger ist die Liste jener Tiere, die sehr stark vom Aussterben bedroht sind.

Welche afrikanischen Tiere sind vom Aussterben bedroht?

Wo es viele Tiere gibt, wird von Natur aus viel gejagt. In Afrika hat diese Jagdlust der Menschen und die Wilderei vielen Arten schon das Leben gekostet. Doch das Jagen geht weiter, auch innerhalb der Naturschutzgebiete. Bedroht sind beispielsweise die Elefanten und Nashörner. Die Elefanten werden erlegt, um an das kostbare Elfenbein ihrer Stoßzähne zu kommen. Obwohl der Elfenbeinhandel verboten ist, werden Tiere von Wilderern gejagt. Weitaus schlimmer sieht es noch bei den Nashörnern aus. Auch sie werden wegen ihrer Hörner gejagt, die angeblich eine wundersame Wirkung haben. Nashörner gibt es in Afrika nur noch sehr wenige und man transportiert die riesigen Tiere sogar mit dem Flugzeug von einem Teil des Kontinents zu einem anderen, um den Tierbestand zu erhalten und aufzufrischen.

Nashörner sind sehr selten geworden. Es wäre doch schade, wenn es sie eines Tages nur noch im Zoo zu bestaunen gäbe.

Soldaten verbrennen erbeutete Stoßzähne von Elefanten, um den Handel mit Elfenbein zu verhindern.

Schneeleoparden gibt es in freier Wildbahn kaum noch. Im Zoo versucht man, die schönen Katzen nachzuzüchten.

Der Film „Gorillas im Nebel“ macht eindrucksvoll auf die Bedrohung der letzten sanften Riesen aufmerksam.

Ein anderes Beispiel sind die Berggorillas. Kaum mehr als 600 Exemplare leben noch in den Regenwäldern Ruandas, Kongos und Ugandas. Oft töten Wilderer hier ganze Familien, um die Gorillababys zu stehlen. Bewaffnete Parkwächter müssen die Tiere beschützen, sollen retten, was noch zu retten ist.

Weißt du's?

1 Welche Farbe hat die Liste der bedrohten Tierarten?

- Grün
- Blau
- Rot
- Gelb

2 Welche Bärenart ist das Symbol des WWF?

- Der Koalabär
- Der Braunbär
- Der Pandabär
- Der Grizzlybär

3 In welchem Gebirge ist der Schneeleopard zu Hause?

- Alpen
- Himalaya
- Anden
- Rocky Mountains

1. Rot 2. Pandabär 3. Himalaya

Welche Tiere stehen noch auf der Roten Liste?

Die Naturschutzorganisationen führen eine Liste der am meisten bedrohten Tiere dieser Welt. Darauf stehen viele Tiere, die wir hierzulande meistens nur aus dem Zoo kennen.

Der niedlichste Vertreter ist sicherlich der Pandabär. Er ist das Wappentier des WWF (einer weltweiten Umweltstiftung). Der Panda heißt auch Bambusbär, weil er sich nur davon ernährt. Wo Bambuswälder abgeholzt werden, muss der Panda weichen.

Auch der Schneeleopard ist eine bedrohte Tierart. Er lebt in den Höhen des Himalaya und wird dort von Wilderern wegen seines schönen Fells erbarmungslos gejagt.

Ein typisches Beispiel für eine bedrohte Tierart ist auch der australische Wombat. Das süße Tierchen plündert auf der Suche nach Nahrung die Getreidefelder der Bauern und wird deshalb gejagt.

Für viel zu gefräßig halten die Bauern hierzulande den Feldhamster. Dem niedlichen Nager wird das zum Verhängnis. Er wird mit Giften und unzulässigen Mitteln von den Feldern ferngehalten. Der Feldhamster ist ein gutes Beispiel dafür, dass auch in Europa die Tiere weichen müssen, wenn sich die Menschen gestört fühlen. So gibt es kaum noch Bären in Europa und ebenso wenige Wölfe oder Luchse. Weil der Mensch Angst vor den Tieren hat, müssen sie verschwinden.

Letzte Zuflucht – der Zoo

Für viele Tiere, die vom Aussterben bedroht sind, ist der Zoo eine letzte Zuflucht. In modernen Tierparks hat man sich weltweit dazu entschlossen, bedrohte Tierarten nachzuzüchten und – wann immer möglich – den Nachwuchs wieder in Freiheit zu entlassen. Dieses Auswildern ist eine gute Möglichkeit, die Tierbestände zu schützen. Leider gelingt das trotz aller Bemühungen nicht immer.

Der WWF kümmert sich weltweit um die bedrohten Tier- und Pflanzenarten.

1 Tiere in der Nacht

Welches Tier ist nachts nie zu sehen?

2 Was kann das sein?

Trage die Antworten zu den Fragen 1 bis 9 in die dazugehörigen Kästchen ein. Das Lösungswort in der senkrechten Spalte ergibt eine bedrohte Landschaftsform in Afrika.

1. Afrikas größter Fluss gab diesen Tieren ihren Namen.
2. Er ist unser nächster Verwandter.
3. Dieses Herdentier wandert durch die Serengeti.
4. Diese Wildkatze ist ein guter Sprinter.
5. Sie ist lang, dünn und manchmal ziemlich giftig.
6. Er wird König der Tiere genannt.
7. Der lange Hals ist ihr Markenzeichen.
8. Er ist der größte Affe und lebt im Regenwald.
9. Dieser Vogel ist das deutsche Wappentier.

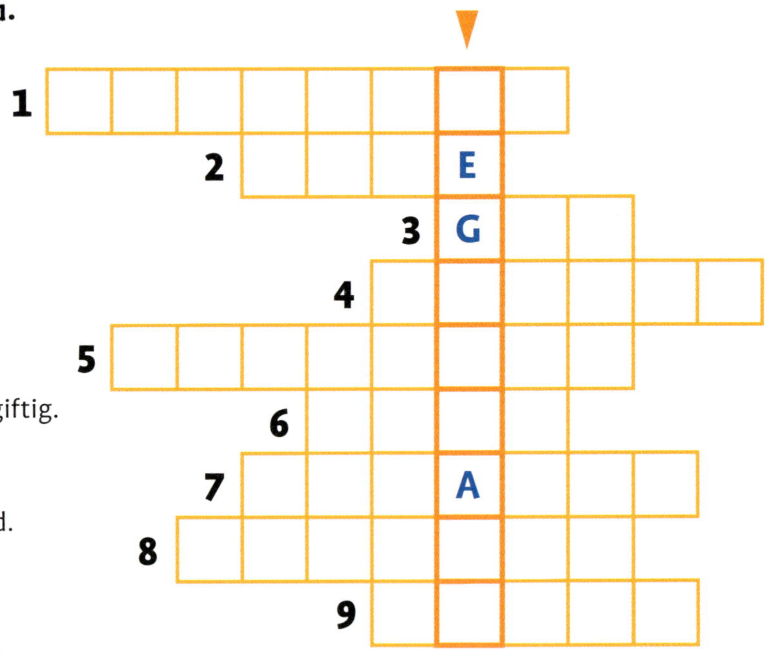

Das Lösungswort lautet: _ E G _ _ _ A _ _

3 Spurensuche

Welche Spuren gehören zu welchem Tier?

1

2

3

4

A

B

C
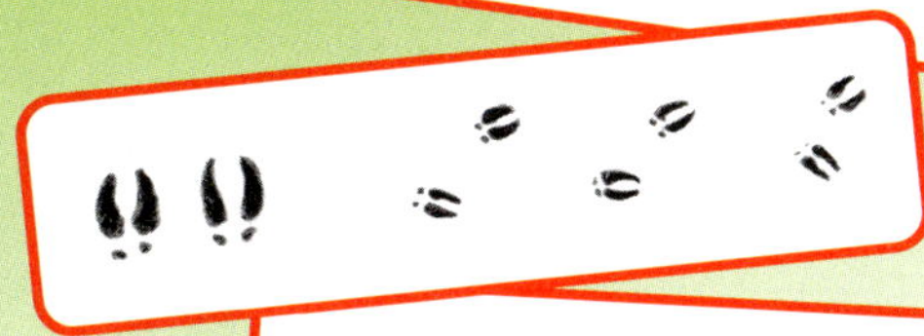

D

4 Schüttelwörter

Bringe die Buchstaben in die richtige Reihenfolge und ordne sie den richtigen Meeresbewohnern zu!

BKSER
WÖEM
HLESCMU
TSEERSNE
ENNTCFISHIT
HNEUDES

Seite 30–31

1

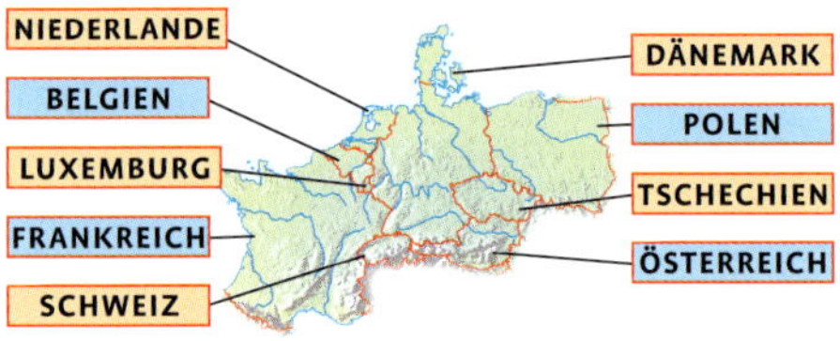

2

3

Asien Australien Europa Nordamerika Südamerika Afrika

4

Q	H	I	M	A	L	A	Y	A	Z	E	T	M	U	K	Ä
W	A	Y	T	S	Ö	W	S	Q	F	C	H	I	N	A	Ö
R	S	X	G	A	F	R	I	K	A	S	G	S	K	A	U
N	D	C	F	H	P	E	S	W	P	F	D	S	R	B	E
E	F	V	D	A	U	R	D	E	O	D	E	I	R	O	I
W	G	B	S	R	A	M	A	Z	O	N	A	S	E	R	F
Y	Ä	Q	U	A	T	O	R	D	K	F	G	S	R	I	F
O	H	N	A	H	Z	E	T	F	P	E	K	I	N	G	E
R	I	M	K	O	A	L	A	B	Ä	R	T	P	T	I	L
K	K	Q	S	J	P	Z	N	E	P	R	A	P	D	N	T
T	L	W	A	L	Ü	J	I	R	O	E	L	I	F	E	U
I	N	D	I	O	S	L	L	L	O	W	A	O	L	S	R
Z	Ö	E	A	G	O	G	R	I	L	Q	S	K	K	L	M
U	R	R	S	J	I	R	I	N	L	S	K	H	J	K	Z
I	O	T	W	V	I	C	T	O	R	I	A	S	E	E	J
O	M	G	Q	Ä	S	P	A	N	I	E	N	K	M	N	H

Seite 54–55

1

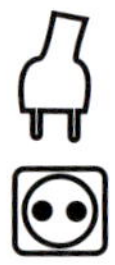

Steckdose Nummer 2

2

Was gehört nicht in den Gelben Sack?

Was gehört nicht in den Kompost?

3

1908	1926	1970	1985
2	3	4	1

4

Seite 80–81

1

Handy, Fahrrad, Rechen, Hochhäuser, Kessel

2

P	Y	R	A	M	I	D	E	N

3

1	2	3	4	5	6	7
G	E	I	S	T	E	R

4

Q	A	T	O	R	T	G	A	F
W	S	G	P	P	Ü	H	R	H
Z	E	U	S	E	I	E	T	A
R	D	B	Ä	G	O	R	E	D
T	G	S	H	A	L	K	M	E
Z	A	R	E	S	M	U	I	S
U	H	A	R	U	N	L	S	K
I	J	L	A	S	Z	E	Z	T
O	D	I	O	N	Y	S	O	S

Seite 98–99

1

2

3

4

K Ö R P E R B A U

Seite 118–119

1

1 A 2 B 3 C

2

	V	O	R	F	A	H	R	T	
Z	E	B	R	A					
				H	U	P	E		
				R	E	C	H	T	S
			B	R	E	M	S	E	
	D	Y	N	A	M	O			
		R	A	D	W	E	G		

3

4

Seite 144–145

1

Tannenmeise

Der Waldkauz, die Fledermaus, der Igel und die Birkenmaus sind nachtaktive Tiere.

2

N	I	L	P	F	E	R	D			
			A	F	F	E				
						G	N	U		
					G	E	P	A	R	D
	S	C	H	L	A	N	G	E		
				L	Ö	W	E			
			G	I	R	A	F	F	E	
		G	O	R	I	L	L	A		
					A	D	L	E	R	

3

1 D 2 A 3 B 4C

4

KLASSE 1 Seite 150–151

KLASSE 2 Seite 152–153

KLASSE 3 Seite 154–155

Schulfitness-Test

KLASSE 4 Seite 156–157

LÖSUNGEN Seite 158–159

KLASSE 1

Aufgabe 1

Der Rechenwurm hat großen Hunger. Er muss aber die richtigen Zahlen fressen, sonst bekommt er Bauchweh.

Setze die Zahlenreihe richtig fort!

Aufgabe 2

Heute ist ein anstrengender Tag. Um 7 Uhr gehe ich in die Schule. Der Unterricht endet um 13 Uhr. Danach gehe ich mit zu Lea, weil wir für die Mathearbeit üben wollen. Ich komme erst um 16 Uhr nach Hause.

Wie viele Stunden bin ich unterwegs?

...

Aufgabe 3

Leas Mama kauft uns beiden eine Kugel Eis. Lea möchte Erdbeer, ich nehme Schokolade. Eine Kugel kostet 0,70 Euro, also 70 Cent. Leas Mama bezahlt mit einer 2-Euro-Münze.

Wie viel Geld bekommt Leas Mama zurück?

Aufgabe 4

Mein kleiner Bruder wollte 13 Blumen, 13 Sonnen, 13 Buntstifte und 13 Torten malen. Er kann aber noch nicht gut zählen.

Kannst du ihm helfen, damit es immer 13 sind?
Streiche oder ergänze!

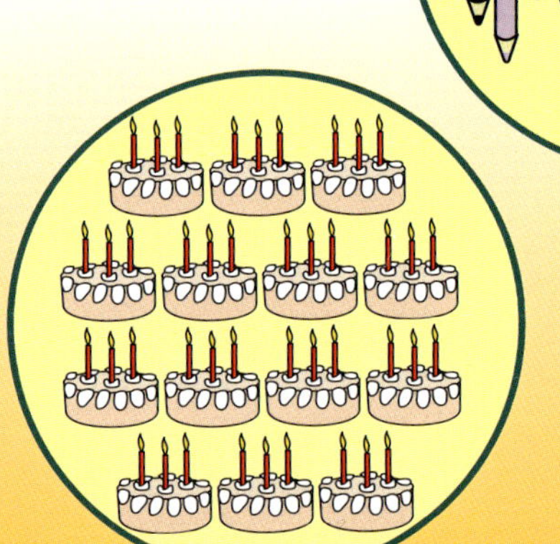

Aufgabe 5

Meine Zahl ist kleiner als **19 - 11**
und größer als **4 + 2**.

Wie heißt meine Zahl?

Aufgabe 6

Leider habe ich vergessen, wie der letzte Buchstabe dieser Wörter heißt.

Kannst du mir helfen?

 **Hau...**

 **Bau...**

 **Zau...**

 **Eime...**

 **Brie...**

 **Hun...**

Aufgabe 7

Puh, ganz schön schwierig! Unsere Lehrerin hat gesagt, wir sollen links immer z oder tz einsetzen und rechts immer k oder ck. Hiiiilfe!!

Weißt du, was richtig ist?

 ***Ka....e***

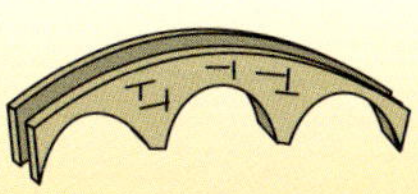 ***Brü....e***

 ***Ker....e***

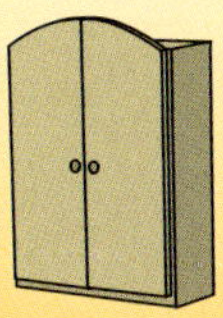 **Schran....**

 ***Kran....***

 ***Wol....e***

Aufgabe 8

Weißt du, was die Tiere tun?
Verbinde die Tiere mit den richtigen Verben (Tuwörtern)!

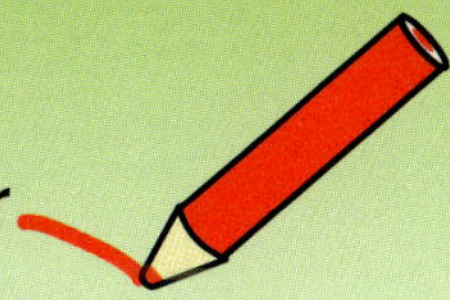

Der Käfer	***hüpft.***
Der Hund	***fliegt.***
Der Frosch	***kriecht.***
Die Schnecke	***läuft.***
Der Vogel	***schwimmt.***
Der Fisch	***krabbelt.***

Aufgabe 9

Was ist denn bloß ein Plural? Ach ja, die Mehrzahl!

Kennst du den Plural dieser Wörter?

Brot	....	***Käse***	....
Ball	....	***Vogel***	....
Hund	....	***Maus***	....

Aufgabe 10

In diesem Text sind vier Fehler versteckt.

Findest du sie?

Heute gehe ich mit Papa und Mama in den Zo. ich freue mich schon auf die Zebras, die Elefanten und auf die lustigen Afen. Nur vor den großen Löwen habe ich ein bisschen Angst. Aber die kleinen Tiger sehen so süs aus.

KLASSE 2

Aufgabe 1

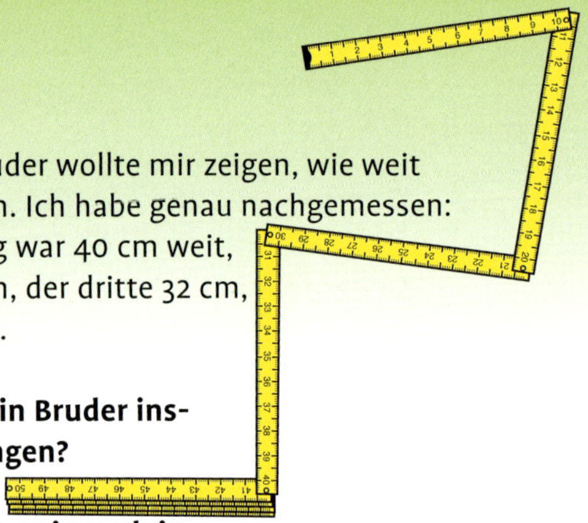

Mein kleiner Bruder wollte mir zeigen, wie weit er springen kann. Ich habe genau nachgemessen: Der erste Sprung war 40 cm weit, der zweite 56 cm, der dritte 32 cm, der vierte 47 cm.

Wie weit ist mein Bruder insgesamt gesprungen?

Kannst du das Ergnis auch in Metern (m) angeben?

_ _ _ _ _ _ _ _ _ _ _ **m**

Aufgabe 2

Zum Geburtstag habe ich eine Tüte mit 32 Herzen aus Schokolade bekommen. Bei meiner Feier sind wir acht Kinder. Ich möchte die Herzen gerecht an alle Kinder verteilen.

Wie viele Herzen bekommt jedes Kind? Wie viele Herzen bleiben übrig?

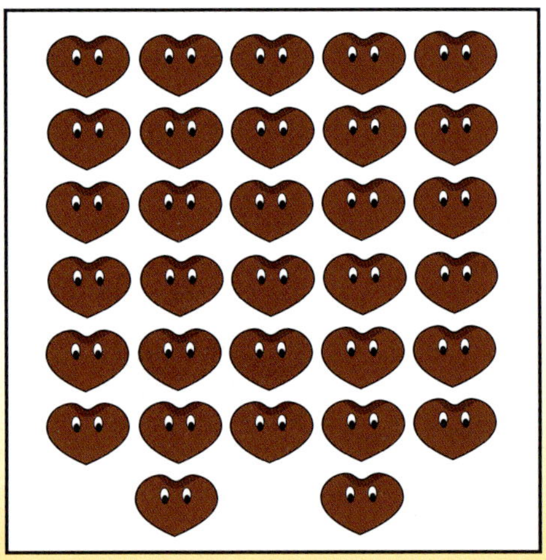

Aufgabe 3

Gestern war ich mit Papa beim Kegeln. Dreimal habe ich fünf Kegel umgeworfen, zweimal sieben Kegel, viermal einen Kegel und fünfmal vier Kegel. Papa hat dreimal sieben Kegel, zweimal acht Kegel, viermal drei Kegel und fünfmal zwei Kegel getroffen.

Wie viele Kegel habe ich getroffen, wie viele hat Papa umgekegelt?

Wie viele Kegel habe ich mehr oder weniger als Papa?

Aufgabe 4

Zum Geburtstag habe ich elf neue Bücher bekommen. Vor meinem Geburtstag hatte ich schon 43 Bücher. Um wieder Platz in meinem Bücherregal zu haben, verkaufe ich 17 Bücher auf dem Flohmarkt in der Schule.

Wie viele Bücher habe ich nach dem Flohmarkt?

. . . . ***Bücher***

Aufgabe 5

Heute bin ich im Schwimmbad. Ich bin um 14.43 Uhr angekommen und darf zwei Stunden und 30 Minuten bleiben.

Um wie viel Uhr muss ich das Schwimmbad wieder verlassen?
Rechne und zeichne!

Aufgabe 6

Ich liebe die Jahreszeiten! Aber leider weiß ich nicht mehr genau, in welchem Monat sie beginnen.

Kannst du in vier Sätzen aufschreiben, in welchem Monat die vier Jahreszeiten beginnen?

Aufgabe 7

Ich habe heute in der Schule nicht richtig aufgepasst und weiß deshalb nicht, welche dieser Wörter Verben (Tuwörter) und welche Adjektive (Wiewörter) sind.

Kannst Du mir helfen?

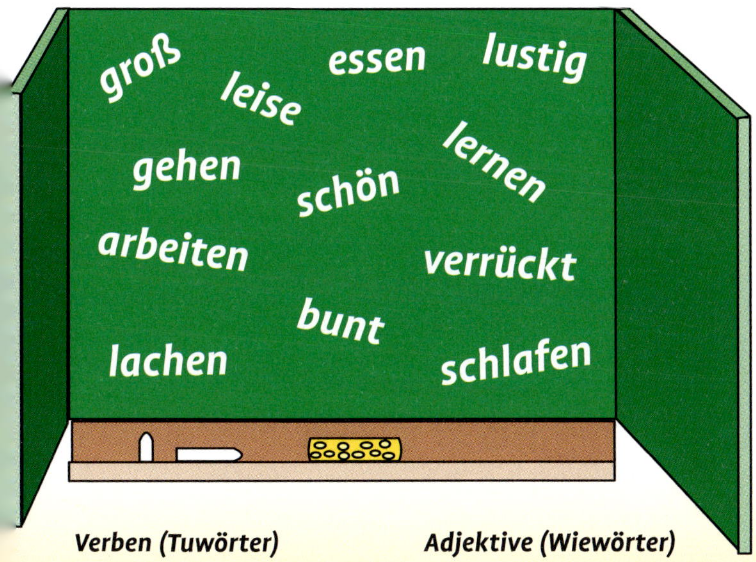

Verben (Tuwörter)

Adjektive (Wiewörter)

Aufgabe 8

Ich bin gern in der Natur und kenne fast alle Bäume und Pflanzen. Nur mit den Artikeln (Begleitern) habe ich noch Probleme.

Kannst du die Artikel (Begleiter) ergänzen?

.... Ahorn .... Buche .... Eiche

.... Tanne .... Klee .... Rose

.... Schneeglöckchen .... Veilchen

Aufgabe 9

Lea und ich wollten unsere Hausaufgaben vergleichen, aber sie hat bei einigen Verben (Tuwörtern) ein paar Buchstaben vergessen.

Kannst Du die fehlenden Buchstaben schnell noch ergänzen? (Beispiel: rufen – **er ruft**)

stehen – ***er st _ ht***

fallen – ***er f _ llt***

waschen – ***er w _ scht***

sehen – ***er s_ _ht***

hören – ***er h _ rt***

essen – ***er _ sst***

Aufgabe 10

Ergänze in diesem Text die Endungen d oder t!

Lea will mit ihrem Freun _ Peter und ihrem Hun _ Pit einen Ausflug in den Wal _ machen. Pit freu _ sich. Er bell _ lau _ und wedel _ mit dem Schwanz. Lea packt ein Käsebro _ und Apfelsaf _ in ihren Korb auf dem Fahrra _ . Doch da beginn _ es zu regnen und der Ausflug fäll _ aus. Ech _ blö _ !

KLASSE 3

Aufgabe 1

Lea nimmt mit fünf anderen Kindern an einem Radrennen teil. Sie startet um 13.47 Uhr. Für den ersten Teil braucht sie 22 Minuten, für den zweiten Abschnitt 16 Minuten. Die letzte Strecke bis zum Ziel schafft sie in 43 Minuten. Im Durchschnitt fährt sie 20 km/h schnell.

Wann erreicht sie das Ziel?

Aufgabe 2

Lea war schneller als Julia und langsamer als Hanna. Clara kam auf Platz drei und liegt damit einen Platz vor Julia. Sophie und Teresa waren langsamer als Julia. Teresa kam nicht als Letzte ins Ziel.

In welcher Reihenfolge kamen die Mädchen ins Ziel?

Aufgabe 3

Juchhu! Nur noch 22 Wochen bis Weihnachten.

Wie viele Tage sind es bis dahin?

__________ *Tage*

Aufgabe 4

Heute soll ich Zahnbürsten kaufen. Eine einzelne Zahnbürste kostet 1,59 €. Ein Päckchen mit drei Zahnbürsten kostet 4,44 €.

Bei welchem Angebot ist eine Zahnbürste billiger?
Wie viel Geld spare ich bei einer Zahnbürste?

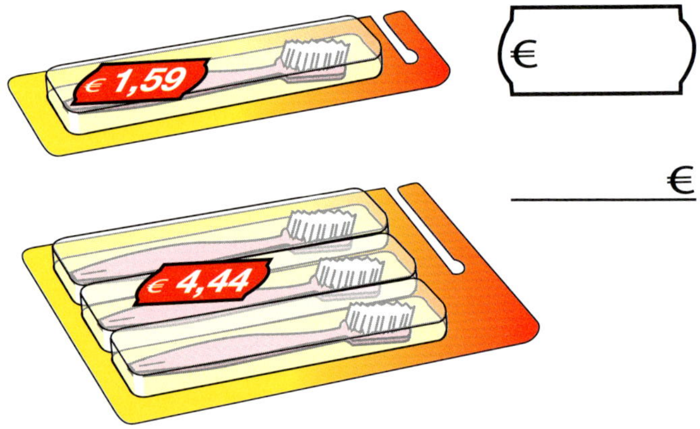

__________ €

Aufgabe 5

Mein Zimmer soll einen neuen Boden bekommen. Das Zimmer ist 4 m lang und 4,50 m breit. Die einzelnen Teppichfliesen sind 50 cm lang und 50 cm breit.

Wie viele Teppichfliesen müssen Papa und Mama kaufen?
Rechne und zeichne!

Aufgabe 6

Ich lese ein Buch. Darin verwandelt ein böser Zauberer ein schönes Mädchen in eine Nachtigall. Die Nachtigall fliegt zum Königsschloss und singt die schönsten Lieder. Das hört der Prinz und er gibt dem Vogel einen Kuss. Da wird aus der Nachtigall wieder das schöne Mädchen.

Kannst du den Text aus der Gegenwartsform in die Vergangenheitsform setzen?

Ich ______ ein Buch. Darin ________ ein böser Zauberer ein schönes Mädchen in eine Nachtigall. Die Nachtigall ______ zum Königsschloss und ______ die schönsten Lieder. Das ______ der Prinz und er ______ dem Vogel einen Kuss. Da ______ aus der Nachtigall wieder das schöne Mädchen.

Aufgabe 7

Lea schenkt ihren Freundinnen einen Lutscher.

Suche das Subjekt, den Satzkern (das Prädikat) und die Objekte in diesem Satz!

Subjekt: ______________________

Prädikat: ______________________

Objekte: ______________________

Aufgabe 8

In der Zeitung hat meine Lieblingssängerin auf vier Fragen geantwortet. Leider wurden die Fragen vergessen.

Kannst du die Fragen zu den Antworten schreiben?

Frage: ______________________
Antwort: Meine erste CD habe ich mit 13 Jahren aufgenommen.

Frage: ______________________
Antwort: Meine Lieblingstitel sind »Liebeskummer« und »Jungs sind klasse«.

Frage: ______________________
Antwort: Ich gehe in Hamburg zur Schule.

Frage: ______________________
Antwort: Meine nächste CD wird im Sommer fertig sein.

Aufgabe 9

Lea und Peter sortieren ______ Lieblingssteine. Lea hat sieben Steine mehr und schenkt ______ Freund einen Stein. Aber Peter ist gar nicht nett: ______ sagt, dass ____ ______ Steine viel besser gefallen als Leas. ____ wird wütend und holt sich ______ Stein schnell wieder.

Setze jedes dieser Pronomen (Fürwörter) einmal ein:

er · ihm · ihre · ihrem · ihren · seine · sie

Aufgabe 10

Mal sehen, ob du auch in Englisch so gut bist.

Schreibe die folgenden Zahlen und Wörter auf Englisch!

Beispiel: **2**  ***two*** / ***cars***

7  ______ / ______

5  ______ / ______

12  ______ / ______

4  ______ / ______

8  ______ / ______

10  ______ / ______

Klasse 4

Aufgabe 1

Heute soll ich auf dem Markt ein halbes Kilo Tomaten, 2 kg Kartoffeln, sechs Eier, 500 g Bergkäse und 250 g Kirschen kaufen. Am Marktstand hängt die Preisliste.

Wie viel Geld muss ich bezahlen? Wie viel Geld bekomme ich zurück, wenn ich mit einem 50-€-Schein bezahle?

Preisliste

Tomaten:	1 kg = 7,90 €
Kartoffeln:	1 kg = 1,89 €
Eier:	1 Ei = 0,28 €
Bergkäse:	100 g = 1,98 €
Kirschen:	100 g = 3,40 €

______ € ______ €

Aufgabe 2

Peter hat inzwischen 67 rote oder grüne Steine gesammelt. Von den roten Steinen sucht er 21 für eine Ausstellung in der Schule aus, von den grünen nimmt er acht Steine mit. Jetzt hat er noch genau gleich viele rote und grüne Steine zu Hause.

Wie viele rote Steine hat er insgesamt und wie viele grüne Steine hat er insgesamt?

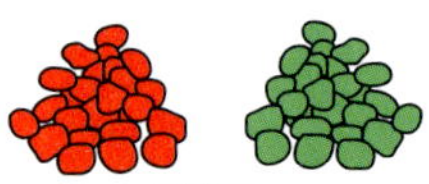

....

Aufgabe 3

Heute sind Oma und Opa aus dem Urlaub zurückgekommen. Opa hat mir erzählt, dass der Kilometerzähler bei der Abfahrt in den Urlaub genau 98743 km angezeigt hat und die Strecke bis zum Urlaubsziel 1224 km lang war. Dann ist er noch genau 500 km am Urlaubsort gefahren.

Wie ist der Stand des Kilometerzählers, als Opa und Oma aus dem Urlaub zurückkamen?

______ km

Aufgabe 4

Mein kleiner Bruder Max hat komische Ideen! Er behauptet, dass Mama jedesmal genau 67248 Wassertropfen braucht, wenn sie uns eine Kanne Tee kocht. Jetzt will er von mir wissen, wie viele Wassertropfen es pro Monat sind, wenn sie 156-mal im Jahr Tee kocht.

Hinweis: Sie kocht jeden Monat gleich viel Tee.

Kannst du mir helfen?

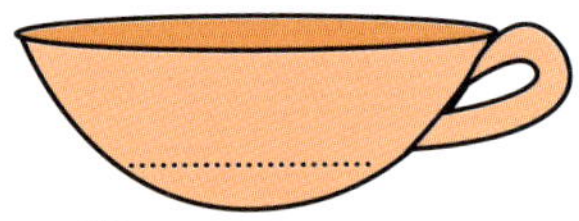

Aufgabe 5

Ich hab mal wieder nicht aufgepasst in der Schule. Heute sollen wir einen Kreis mit einem Radius von 2 cm und darin ein regelmäßiges (gleichseitiges) Dreieck zeichnen. Wo ich doch weder zeichnen noch rechnen kann!

Kannst du mir zeigen, wie das mit Zirkel und Geodreieck geht?

Aufgabe 6

Ergänze diese Subjekt-Prädikat-Sätze durch jeweils ein Dativ-Objekt und ein Akkusativ-Objekt!

Lea schreibt ______________________________

Peter backt ______________________________

Papa kocht ______________________________

Aufgabe 7

Inzwischen weiß ich, dass man Adjektive steigern kann. Unser Lehrer hat gesagt, die erste Steigerungsform heißt auch »Komparativ«, die zweite Steigerungsform auch »Superlativ«.

Kennst Du die Steigerungsformen der folgenden Adjektive? (Beispiel: laut – lauter – am lautesten)

	Erste Steigerungsform	Zweite Steigerungsform
schnell		
groß		
gut		
viel		

Aufgabe 8

Das oder dass – das ist hier die Frage!

Setze das oder dass an der richtigen Stelle ein!

___ ist schön, ___ du zu meinem Geburtstag gekommen bist! ___ ist doch selbstverständlich! Ist ___ etwa ___ Buch, ___ ich mir schon so lange gewünscht habe? ___ freut mich, ___ du ___ Buch noch nicht hast. Wunderbar, ___ du mir ausgerechnet ___ Buch schenkst.

Aufgabe 9

In diesem Zeitungsartikel sind vier Rechtschreibfehler versteckt.

Findest du sie?

Am Montag kam es in der Innenstadt von München zu einem Zwischenfall. Aus einem Zirkuswagen entlief ein Löwe, der sich in einem Geschäfft versteckte. Die Verkäuferin verlezte sich bei ihrer Flucht leicht am Fuss. Der Feuerwehr und Tierpfleger vom Zirkus gelang es kurze Zeit später, das Tier zu betäuben und wieder einzufangen.

Aufgabe 10

Let's go back to our English lesson.

Fill in the right questions and answers!

Peter likes football.
(Frag nach, ob Peter Fußball mag.)

______________________________ ?

Yes, ______________________________ .

They always eat bread.
(Frag nach, ob sie immer Brot essen.)

______________________________ ?

No, ______________________________ .

I'm not fine, but I want to go to school.
(Frag nach, ob du zur Schule gehen kannst.)

______________________________ ?

No, ______________________________ .

Klasse 1

Aufgabe 1

3 – 6 – **9** – 12 – **15** – **18**

Aufgabe 2

16 – 7 = **9** oder
1. Schritt: 13 – 7 = 6
2. Schritt: 16 – 13 = 3
3. Schritt: 6 + 3 = **9**

Ich bin neun Stunden unterwegs.

Aufgabe 3

1. Schritt: 0,70 Euro + 0,70 Euro = 1,40 Euro
2. Schritt: 2 Euro – 1,40 Euro = **0,60** Euro

Leas Mama bekommt 0,60 Euro, also 60 Cent, zurück.

Aufgabe 4

Aufgabe 5

1. Schritt: 19 – 11 = 8
2. Schritt: 4 + 2 = 6

Die Zahl, die kleiner als 8 und größer als 6 ist, ist die **7**.

Aufgabe 6

Hau**s** Bau**m**
Zau**n** Eime**r**
Brie**f** Hun**d**

Aufgabe 7

Ka**tz**e Brü**ck**e
Ker**z**e Schran**k**
Kran**z** Wol**k**e

Ein schlauer Merksatz heißt:
Nach l, m, n, r
das merk' dir ja
steht nie tz
und nie ck!

Aufgabe 8

Der Käfer krabbelt.
Die Schnecke kriecht.
Der Hund läuft.
Der Vogel fliegt.
Der Frosch hüpft.
Der Fisch schwimmt.

Aufgabe 9

Brot	**Brote**	Vogel	**Vögel**
Käse	**Käse**	Hand	**Hände**
Ball	**Bälle**	Maus	**Mäuse**

Aufgabe 10

Heute gehe ich mit Papa und Mama in den Zoo**.** **I**ch freue mich schon auf die Zebras, die Elefanten und auf die lustigen Af**f**en. Nur vor den großen Löwen habe ich ein bisschen Angst. Aber die kleinen Tiger sehen so sü**ß** aus!

Klasse 2

Aufgabe 1

40 cm + 56 cm + 32 cm + 47 cm = **175 cm**
175 cm = **1,75 m** (Merke: 100 cm = 1 m)

Aufgabe 2

32 : 8 = **4**
Es bleibt kein Herz übrig.

Aufgabe 3

Meine Kegel:
1. Schritt: 3 · 5 = 15 3. Schritt: 4 · 1 = 4
2. Schritt: 2 · 7 = 14 4. Schritt: 5 · 4 = 20

Ich habe 15 + 14 + 4 + 20 = **53** Kegel getroffen.

Papas Kegel:
1. Schritt: 3 · 7 = 21 3. Schritt: 4 · 3 = 12
2. Schritt: 2 · 8 = 16 4. Schritt: 5 · 2 = 10

Papa hat 21 + 16 + 12 + 10 = **59** Kegel getroffen.

5. Schritt: 59 – 53 = 6. Ich habe sechs Kegel weniger getroffen als Papa.

Aufgabe 4

1. Schritt: 43 + 11 = 54 2. Schritt: 54 – 17 = **37**

Nach dem Flohmarkt habe ich 37 Bücher.

Aufgabe 5

1. Schritt:
14.43 Uhr + 2 Stunden = 16.43 Uhr
2. Schritt:
16.43 Uhr + 30 Minuten = **17.13 Uhr**

Aufgabe 6

Der Frühling beginnt im März.
Der Sommer beginnt im Juni.
Der Herbst beginnt im September.
Der Winter beginnt im Dezember.

Aufgabe 7

Verben (Tuwörter):
gehen, essen, arbeiten, lernen, schlafen, lachen
Adjektive (Wiewörter):
groß, leise, schön, bunt, lustig, verrückt

Aufgabe 8

der Ahorn, **die** Buche, **die** Eiche, **die** Tanne, **der** Klee, **die** Rose, **das** Schneeglöckchen, **das** Veilchen

Aufgabe 9

stehen – er st**e**ht
fallen – er f**ä**llt
waschen – er w**ä**scht
sehen – er s**ie**ht
hören – er h**ö**rt
essen – er **i**sst

Aufgabe 10

Lea will mit ihrem Freun**d** Peter und ihrem Hun**d** Pit einen Ausflug in den Wal**d** machen. Pit freu**t** sich. Er bell**t** lau**t** und wedel**t** mit dem Schwanz. Lea packt ein Käsebro**t** und Apfelsaf**t** in ihren Korb auf dem Fahrra**d**. Doch da beginn**t** es zu regnen und der Ausflug fäll**t** aus. Ech**t** blö**d**!

Klasse 3

Aufgabe 1

22 Min. + 16 Min. + 43 Min. = 81 Minuten
81 Min. = 1 Stunde und 21 Minuten
13.47 Uhr + 1 Stunde und 21 Min. = **15.08 Uhr**

Aufgabe 2

Hanna – Lea – Clara – Julia – Teresa – Sophie

Aufgabe 3

Eine Woche hat sieben Tage.
22 · 7 = **154** Es sind noch 154 Tage.

Aufgabe 4

1. Schritt: 4,44 € : 3 = 1,48 €
2. Schritt: 1,59 € – 1,48 € = **0,11 €**
Eine Zahnbürste aus dem Dreierpack ist genau 11 Cent billiger.

Aufgabe 5

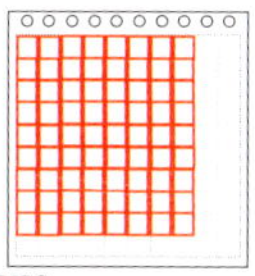

1. Schritt: 1 m = 100 cm = 2 · 50 cm
2. Schritt: 4 m = 400 cm = 8 · 50 cm
3. Schritt: 4,50 m = 450 cm = 9 · 50 cm
4. Schritt: 8 · 9 = **72**

Aufgabe 6

Ich **las** ein Buch. Darin **verwandelte** ein böser Zauberer ein schönes Mädchen in eine Nachtigall. Die Nachtigall **flog** zum Königsschloss und **sang** die schönsten Lieder. Das **hörte** der Prinz und er **gab** dem Vogel einen Kuss. Da **wurde** aus der Nachtigall wieder das schöne Mädchen.

Aufgabe 7

Subjekt: **Lea**
Prädikat: **schenkt**
Objekte: 1. **ihren Freundinnen**
2. **einen Lutscher**

Aufgabe 8

Frage: **Wann/Mit wie viel Jahren hast du deine erste CD aufgenommen?**
Frage: **Welches sind deine Lieblingstitel?**
Frage: **Wo/In welcher Stadt gehst du zur Schule?**
Frage: **Wann wird deine nächste CD fertig sein?**

Aufgabe 9

Lea und Peter sortieren **ihre** Lieblingssteine. Lea hat sieben Steine mehr und schenkt **ihrem** Freund einen Stein. Aber Peter ist gar nicht nett: **Er** sagt, dass **ihm seine** Steine viel besser gefallen als Leas. **Sie** wird wütend und holt sich **ihren** Stein schnell wieder.

Aufgabe 10

seven dogs	**five pigs**
twelve chairs	**four tables**
eight trees	**ten flowers**

Klasse 4

Aufgabe 1

Tomaten: = 3,95 €
Kartoffeln: = 3,78 €
Eier: = 1,68 €
Bergkäse: = 9,90 €
Kirschen: = 8,50 €
3,95 € + 3,78 € + 1,68 €
+ 9,90 € + 8,50 € = **27,81 €**
50 € – 27,81 € = **22,19 €**

Aufgabe 2

40 (rote Steine insgesamt)
27 (grüne Steine insgesamt)

Aufgabe 3

98743 km + 1224 km (Hinweg)
+500 km (am Urlaubsort)
+1224 km (Rückweg) = **101 691 km**

Aufgabe 4

1. Schritt (gekochter Tee pro Monat) : 156 : 12 = 13
2. Schritt (Wassertropfen pro Monat) : 67248 · 13 = **874 224**

Aufgabe 5

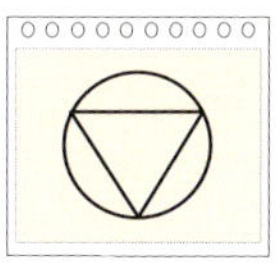

Aufgabe 6

Mögliche richtige Antwort:
Lea schreibt **Hanna** (Dativ-Objekt) **einen Brief** (Akkusativ-Objekt).
Peter backt **Mama** (Dativ-Objekt) **einen Kuchen** (Akkusativ-Objekt).
Papa kocht **uns** (Dativ-Objekt) das **Abendessen** (Akkusativ-Objekt).

Aufgabe 7

schnell	**schneller**	**am schnellsten**
groß	**größer**	**am größten**
gut	**besser**	**am besten**
viel	**mehr**	**am meisten**

Aufgabe 8

- **Das** ist schön, **dass** du zu meinem Geburtstag gekommen bist!
- **Das** ist doch selbstverständlich!
- Ist **das** etwa **das** Buch, **das** ich mir schon so lange gewünscht habe?
- **Das** freut mich, **dass** du **das** Buch noch nicht hast.
- Wunderbar, **dass** du mir ausgerechnet **das** Buch schenkst!

Aufgabe 9

Am Montag kam es in der Innenstadt von München zu einem Zwischenfall. Aus einem Zirkuswagen entlief ein Löwe, der sich in einem Geschä**f**t versteckte. Die Verkäuferin verle**t**zte sich bei ihrer Flucht leicht am Fu**ß**. Der Feuerwehr und Tierpfleger**n** vom Zirkus gelang es kurze Zeit später, das Tier zu betäuben und wieder einzufangen.

Aufgabe 10

Does he like football? Yes, he does.
Do they always eat bread?
No, they don't.
Can I go to school? No, you can't.

ABBILDUNGSNACHWEIS

aisa, Barcelona (102); Australian Tourist Commission, Frankfurt (1); BASF AG, Ludwigshafen (1); Dr. Gisela Benecke, Gütersloh (1); Biofotos Heather Angel, Farnham – Bentzen (1); Bosch, Stuttgart (1); Botschaft der Republik Argentinien, Bonn (2); Carlsen Verlag, Hamburg (1); Cinetext Bild- und Textarchiv GmbH, Frankfurt (7); Comet Photoshopping GmbH, Zürich (1); Corbis-Bettmann, New York (4) – AFP (1) – Reuters (4) – UPI (4); Daimler Benz Aerospace Airbus, Hamburg (1); DaimlerChrysler AG, Stuttgart (1); Deutsche Bahn AG, Berlin (1) – Emersleben (1) – Franke (1) – Kirsche (1) – Weber (1); Deutsche Gesellschaft für Kunststoff-Recycling mbH, Köln (5); Deutsche Telekom, Bonn (1); Deutsches Jugendherbergswerk, Detmold (5); Document Vortragsring e.V., München (1) – Blasy (1) – Göhler (6) – Haberland (1) – Kremnitz (1) – Matthäi-Latocha (5) – Trippmacher (2) – Trobitzsch (2); Dorling Kindersley, London (1); dpa, Frankfurt (2) – Sauer (1); E.ON Energie AG, München (1); Fujitsu Siemens Computers, Paderborn (2); Hama GmbH & Co. KG, Monheim (1); Gerhard Huber, Graz (9); IFA-Bilderteam GmbH, Ottobrunn – Imagez (1); Interfoto, München (2); Kellogg GmbH, Bremen (1); König-Brauerei, Duisburg (1); MAN Nutzfahrzeuge AG, München (1); Mattel Toys MATTEL GmbH, Dreieich (1); Mauritius Images, Mittenwald – Arthur Cupak (1); Max Desing Electronic Art GmbH (1); mev, Augsburg (10); Müllverbrennungsanlage Bielefeld-Herford GmbH, Bielefeld (1); Münsterland Touristik – Steiner (1); Museum und Park Kalkriese, Bramsche-Kalkriese – Wilker, Medienzentrum Osnabrück (1); NASA – Johnson Space Center, Houston (1); NASA, Washington – Goddard Space Flight Center/Reto Stöckli (1); Nestlé Chocoladen GmbH, Frankfurt (1); Nestlé Suisse (2); NINTENDO of Europe GmbH, Großostheim (3); Dr. Oetker, Bielefeld (1); Manfred Pforr, Langenpreising (1); Phenomedia AG, Bochum (1); Max-Planck-Gesellschaft, München (1); Porsche AG, Stuttgart (1); Premium Stock Photographie, Düsseldorf (5); R+V-Infocenter für Sicherheit und Vorsorge, Wiesbaden (1); RCS Libri & Grandi Opere SpA, Mailand – Il Mondo degli Animali (6); Schweizerische Bundesbahnen, Bern – Boillat (1); shutterstock.com – Elena Elisseeva (1) – Gelpi (1) – Larisa Lofitskaya (1) – Saniphoto (2) – Branislav Senic (1); Siemens AG, München (1); Siemens Archiv, München (6); Silvestris online, Dießen – Kerscher (1) – Schnepel (1); Sipa Press, Paris (2) – Borrel (1) – Carofei (1) – Delage (1) – Freddy (1) – Gromik (1) – Ripper (1); Sony Deutschland GmbH, Köln-Ossendorf (4); Stadt Münster – Lechtape (1); Tirol Werbung, Innsbruck (1); TopFoto, Kent (4) – Daemmrich (1) – Munzig (1) – ProSport (1) – Syracuse Newspapers (1) – The Image Works (1) – Warmowski/The Image Works (1); Varta AG, Hannover (1); Wissen Media Verlag GmbH, Gütersloh (21).

Abbildungen auf dem Einband:
fotolia.com – Grabowiecki (Sonnenblume); NASA, Washington – Carla Thomas (Space Shuttle); shutterstock.com – Aurelio (Mädchen) – Doxa (Elefanten) – Kirsty Pargeter (DNA) – Kristian Sekulic (Delfin).